AF533524

Das Libanon-Kochbuch

Dieses Buch ist allen Menschen im Zedernstaat gewidmet, die mit ganzer Kraft versuchen, in diesen schwierigen Zeiten über die Runden zu kommen. ZH

Ich danke meinem Liebsten Florian Ridder, der mir mit seiner Begeisterung für feinsinnige Gerichte neue Welten eröffnet hat und mich stets unterstützt. LR

Zahra Hakim, geboren 1968, lebt in Berlin, doch ursprünglich stammt die begeisterte Köchin aus Beirut. Mit ihren Koch- und Backkünsten beglückt sie deutsche Freunde und natürlich ihre eigene Familie. Ihr Anliegen ist es, die wunderbar schmackhafte libanesische Küche so vielen Menschen wie möglich bekannt zu machen.

Lisa Rammensee, geboren 1990 in Nürnberg, hat Kommunikationsdesign und Illustration studiert und lebt als freie Illustratorin in Hamburg. Am liebsten arbeitet sie umgeben von Pflanzen und schönen Bildern und lauscht Hörbüchern. Und wenn sie nicht gerade Brot backt oder lebhafte Charaktere am Zeichentisch entwirft, findet man sie im Gemüsebeet oder beim Erdferkel-Gehege im Zoo.

Ein verlagsneues Buch kostet in ganz Deutschland und Österreich jeweils dasselbe. Das liegt an der gesetzlichen Buchpreisbindung, die dafür sorgt, dass die kulturelle Vielfalt erhalten und für die Leser bezahlbar bleibt. Also: Egal ob im Internet, in der Großbuchhandlung, beim lokalen Buchhändler, im Dorf oder in der Stadt – überall bekommen Sie Ihre verlagsneuen Bücher zum selben Preis.

Dieses Buch ist auf Papier gedruckt, für das nur Holz aus nachhaltiger Forstwirtschaft verwendet wurde.

Dieses Buch wurde klimaneutral produziert. Wir unterstützen dafür das Waldschutzprojekt in April Salumei in Papua-Neuguinea, wo der, auch für das Klima so wichtige, Regenwald die Lebensgrundlage der indigenen Bevölkerung ist.

Druck und Bindung: Polygraf Print
Printed in Slovakia
ISBN 978-3-96428-078-7
www.jacobystuart.de

Zahra Hakim Lisa Rammensee

Das Libanon-Kochbuch

Verlagshaus Jacoby Stuart

Inhaltsverzeichnis

Liebe Leserinnen und liebe Leser,

ich stamme aus Beirut, doch nun lebe ich schon seit vielen Jahren in Berlin. Ich bin eine begeisterte Köchin, und meine Familie sowie meine deutschen Freunde haben mich immer wieder ermuntert, ein Kochbuch zu schreiben, denn es ist mir ein Anliegen, die wunderbare schmackhafte libanesische Küche so vielen Menschen wie möglich bekannt zu machen. Mein schriftliches Deutsch ist leider nicht so perfekt, wie ich es mir wünsche, aber in der Verlegerin Nicola Stuart habe ich eine ebenso begeisterte Köchin gefunden, wie ich es bin. Sie hat mir meine Rezepte abgelauscht, nachgekocht und für mich aufgeschrieben. Dafür möchte ich noch einmal von ganzem Herzen Danke sagen. Ebenso möchte ich Lisa Rammensee für ihre wunderschönen Illustrationen danken.

Bevor es jedoch ans Kochen geht, möchte ich noch eine kleine landeskundliche Einführung in den Libanon und vor allem eine Einführung in die libanesische Küche geben. Die Republik Libanon grenzt im Norden und Osten an Syrien, im Süden an Israel und im Westen ans Mittelmeer. Die rund sechs Millionen Einwohner leben vorwiegend in Städten und gehören verschiedenen muslimischen (etwa Sunniten und Schiiten) und christlichen (etwa Maroniten) Glaubensrichtungen an. Amtssprache ist (libanesisches) Arabisch, daneben werden zahlreiche andere Sprachen und Dialekte, etwa Armenisch und Kurdisch, gesprochen; auch Französisch ist als Verkehrs- und Elitesprache noch verbreitet, was auf die französische Mandatszeit von 1920 bis 1946 zurückgeht. Inzwischen wird auch immer mehr Englisch gesprochen.

So unterschiedlich wie die Religionen und Kulturen, so vielfältig sind auch die – vorwiegend mediterranen – Einflüsse, die sich in der libanesischen Küche widerspiegeln. Der französische und italienische Einfluss zeigt sich vor allem in der Verwendung von Sahne, Wein, Essig und Pasta; Rindfleischgerichte und Fleischtöpfe lassen sich der armenischen Tradition zuordnen; die Gewürzmischung Sumach und die Verwendung von Granatapfelkernen sind der syrischen Küche entlehnt.

Landwirtschaft wird im Libanon hauptsächlich in der fruchtbaren Bekaa-Ebene betrieben, wo überwiegend Wein, Getreide und vielerlei Obst und Gemüse angebaut werden. In der Küstenebene gedeihen vor allem Zitrusfrüchte, Melonen und Bananen. In den kargeren gebirgigen Gegenden weiden Schafe und Ziegen, die als Milch- und Fleischlieferanten dienen.

Die vorwiegend vegetarischen libanesischen Gerichte sind in der Regel intensiv gewürzt, aber nicht scharf. Zu den Grundnahrungsmitteln zählen Weizen – vor allem in Form von Bulgur –, Reis, Linsen, Kichererbsen, viel frisches Gemüse, Obst und Joghurt. Wir Libanesen lieben Nüsse und Samen: Pistazien, Pinienkerne, Mandeln, Cashewkerne und Walnüsse werden zum Kochen verwendet und zwischen den Mahlzeiten geknabbert. Viele Speisen werden mit gerösteten Pinienkernen garniert.

Gemüse wird gebraten und in Olivenöl eingelegt. Außerdem gehört Kabis, das sind fermentierte Gemüse, immer dazu. Zum Frühstück gibt es meist Khubz, das sind kleine dünne Fladenbrote und Labneh, ein selbstgemachter Frischkäse, dazu Obst, Honig, frische Datteln, Nüsse und Oliven, aber auch Trockenfrüchte wie Feigen und Datteln. Wir haben zu Hause sehr oft Halloumi zum Frühstück gegessen, und gerade auf dem Land wird auch gerne eine Schale Ful mudammas, das ist ein wärmendes Gericht aus Ackerbohnen, zum Frühstück gereicht. Wie fast überall auf der Welt werden auch im Libanon Eier gerne zum Frühstück gegessen. Die beliebteste Frühstücksspeise ist jedoch das unübertroffene mit Käse gefüllte Gebäck Knafeh.

Inbegriff der libanesischen Esskultur sind die Mezze genannten kalten und warmen Vorspeisen, die in Schälchen entweder zeitgleich oder in schneller Abfolge auf den Tisch kommen; dazu gibt es Khubz bzw. Pitabrote. Zwei große Kapitel habe ich den Mezze gewidmet.

Ein libanesisches Mittagessen besteht meist aus mehreren Mezze und Khubz bzw. Pitabrot, und wenn es besonders heiß ist, wird auch gern eine kalte Suppe serviert. Die städtische Bevölkerung bedient sich normalerweise wiederum an den vielen Snackbars und Imbissen und Straßenständen.

Zur Hauptmahlzeit, die am Abend im Familienkreis stattfindet, werden ebenfalls Mezze gereicht, weiterhin gibt es köstliche Gemüsegrichte oder gegrillten Fisch oder gegrilltes Fleisch, vor allem Huhn und Lamm sowie Bulgur bzw. Pitabrot als Beilagen. Auch die typischen Desserts und raffinierten Getränke, die für den Zedernstaat typisch sind, werden jeweils in einem eigenen Kapitel vorgestellt.

Essen dient im Libanon jedoch nicht nur dem Sattwerden, sondern ist ein wichtiger Bestandteil der Geselligkeit. Ob in großer Runde mit Freunden oder mit der Familie zu Hause – libanesisches Essen wird stets an einer schön gedeckten Tafel und oft bis spät in die Nacht hinein genossen. Und daher wird im Libanon nicht nur vor, sondern auch nach dem Essen „Sahtein" gewünscht. Das bedeutet so viel wie „doppelte Gesundheit" und bringt zum einen die Freude am Essen zum Ausdruck und zum anderen die Freude daran, Essen in Gesellschaft zu genießen.

In diesem Sinne sage ich herzlich: Sahtein!

Zarah Hakim

PS: Kurz vor Drucklegung hat in Beirut die große Explosion stattgefunden. Meine Verwandten sind zum Glück mit dem Schrecken davongekommen. Aber viele andere nicht. Es ist sehr traurig. Insbesondere weil der Zedernstaat zur Zeit sowieso schon unter extremer wirtschaftlicher und politischer Unsicherheit leidet. Wir können nur hoffen, dass es bald wieder besser wird.

Das libanesische Kräuter- und Gewürzregal

Ackerbohne, auch Dicke Bohne oder Sau-, Schweins-, Pferde- oder Favabohne genannt, bildet die Grundlage für eine der Traditionsspeisen der Levante, nämlich für Ful mudammas, Rezepte dazu finden sich auf S. 33 und 114.

Anis wird zum Aromatisieren von Arak (S. 143) und gleichermaßen für pikante und süße Gerichte verwandt.

Baharat ist eine Gewürzmischung, die in der gesamten arabischen Welt verwendet wird. Sie ist wichtiger Bestandteil vieler libanesischer Speisen. Das Rezept dazu findet sich auf S. 99.

Bulgur ist vorgekochter, getrockneter Hartweizen in unterschiedlicher Schrotung. Feinkörniger Bulgur wird z.B. für Kibbeh (S. 80–84) und für Tabbouleh (S. 71) verwandt, mittelfeiner für Füllungen und grober für Eintöpfe.

Chilis Frische grüne Chilis werden neben anderem frischen Gemüse gerne als Mezze gereicht, sie sind allerdings sehr scharf. Ansonsten sind Chilis nicht besonders typisch für die libanesische Küche.

Dill wächst gerade in trockenen Klimazonen und wird im Libanon besonders gern zum Aromatisieren von Fisch und Salaten verwandt.

Filoteig besteht aus Mehl, Wasser und ein wenig Öl. Er wird hauchdünn ausgerollt und sowohl für süße als auch pikante Backwaren genutzt. Er ist in Form von großen und kleinen Teigblättern erhältlich. Besonders wichtig ist er für Baklava (S. 136) und Kanefe (S. 34).

Grüne Mandeln Zu Frühlingsanfang kommen in der Levante für einige Woche ganz junge Mandeln auf den Markt, deren grüne Schale der Haut von Pfirsichen gleicht und mitgegessen wird. Sie schmecken knackig, frisch und leicht herb. Der Mandelkern ist dann noch transparent und ganz weich.

Kardamom Pikante Gerichte werden mit den frischen grünen Kardamomfrüchten gewürzt, die schwarzen gemahlenen Samen werden gern zum Aromatisieren von Kaffee genutzt.

Kirschkernpulver, genannt Mahlab, wird aus dem hellbraunen Samen der Steine von Schwarzkirschen oder dem Kern der

Felsenkirsche gewonnen. Vor allem im Libanon und in Syrien dient das Pulver mit seinem süß-saurem, nussigem Geschmack als Backzutat.

Koriander Er wird im Libanon nicht so häufig eingesetzt, aber die gemahlenen Samen gehören immer in die Gewürzmischung → Baharat, und Koriandergrün ersetzt teilweise glatte → Petersilie.

Kresse wird hauptsächlich für Salate und als Garnitur verwandt, insbesondere für den Gemüseteller von S. 26.

Kreuzkümmel, auch Kumin genannt, wird im Libanon eher regional verwendet, am liebsten für Salate, Grillgerichte und Marinaden; aber immer in der Gewürzmischung → Baharat.

Kurkuma, auch Gelbwurz genannt, wird nicht sehr häufig in der libanesischen Küche verwandt, aber er ist eine Grundzutat des Sfuf (S. 134). Seine Farbe ist greller als die von → Safran, er schmeckt ganz anders, mildwürzig mit einer leichten Bitternote, und ist deutlich preiswerter.

Minze wird in der gesamten Levante zum Aromatisieren von Salaten und anderen Speisen genutzt, sowohl die Krauseminze als auch die Pfefferminze, gerne auch im Tee.

Muskatnuss wird in geriebener Form sowohl in süßen als auch pikanten Speisen eingesetzt, aber nicht so häufig wie → Piment.

Nelken Diese getrockneten Blütenknospen sind ein wichtiger Bestandteil des libanesischen Gewürzregals.

Nüsse und nussartige Kerne erfreuen sich allergrößter Beliebtheit im Libanon, besonders Pistazien und Pinienkerne. Aber auch Mandeln, Cashewkerne und Walnüsse gehören zu den Grundnahrungsmitteln.

Olivenöl wird im Libanon häufig verwendet und stammt immer aus dem eigenen Land. Es hat einen kräftigen Eigengeschmack, frisch gepresstes libanesisches Olivenöl schmeckt sehr würzig und pfefferig, mit der Zeit wird es weicher und nach mehreren Monaten schmeckt es sanft und mild.

Orangenblütenwasser wird aus den Blüten der Bitterorange destilliert. Es wird sowohl für süße als auch für pikante Speisen verwendet. Der sogenannte Weiße Kaffee von S. 145 besteht aus heißem Wasser und Orangenblütenwasser; er wird nach dem Essen zur Verdauung getrunken.

Oregano → Wilder Majoran

Paprika wird nicht besonders häufig verwendet, ist aber Grundbestandteil der Gewürzmischung → Baharat sowie der Gewürzmischung Dukkah (S. 97). Sonst wird das rote Pulver eher zum Garnieren genutzt.

Petersilie wird für sehr viele Speisen verwendet, oft als größerer Bestandteil eines Gerichtes, oft als Garnitur – aber stets nur die glatte.

Piment, auch Nelkenpfeffer genannt, kann sicherlich als eines der Hauptgewürze der libanesischen Küche bezeichnet werden. Die Beeren des Pimentbaums vereinen die Aromen von Nelken, Pfeffer, Zimt und Muskatnuss in sich, daher heißt es im Englischen auch allspice.

Rosenwasser wird insbesondere für Süßspeisen gerne verwendet. Echtes Rosenwasser ist ein Destillat aus Rosenblütenblättern. Viele Libanesinnen verwenden es auch als Gesichtswasser. Es ist nicht nur gut für die Haut, sondern erfrischt und duftet sehr angenehm.

Safran wird aus dem Stempel des purpurfarbenen Krokus gewonnen und ist sehr teuer. Im Libanon wird er eher selten verwandt.

Samna ist der arabische Name für geklärte Butter (Butter ohne Molke), die im Libanon sehr oft aus Schafsmilch hergestellt wird, also anders schmeckt, als die aus Kuhmilch. Ein guter Ersatz ist das indische Ghee, das noch immer kräftiger schmeckt als die deutsche geklärte Butter. Sie hält sich über mehrere Monate und verträgt höhere Temperaturen als „normale" Butter.

Senfblättchen Die Blätter der jungen Pflanzen haben einen scharfen Geschmack und werden für Salate und als Garnituren verwendet.

Sesamsamen Sie werden geröstet sowohl für süße als auch pikante Speisen verwandt. Und feingemahlen sind sie der Grundbestandteil der cremigen Sesampaste, Tahini (S. 91), die zum Kochen, zum Backen und als Dip verwandt wird.

Sumach Das dunkelrote Gewürz mit intensiven Zitronenaromen wird aus den getrockneten und zerstoßenen Beeren des Gerber-Sumach gewonnen.

Tahin → Sesamsamen

Thymian → Za'atar

Vermicelli, auch kurze Fadennudeln bzw. Suppennudeln genannt, sind Hartweizennudeln ohne Ei. Neben Fladenbrot ist Riz, also Reis, (S. 111) die häufigste Beilage im Libanon. Bei diesem einfach nur Reis genannten Gericht handelt es sich um Reis, der mit gerösteten Vermicelli und → Samna zubereitet wird.

Wilder Majoran mit seinem eher pfeffrigen Aroma wird im Libanon dem Gartenmajoran vorgezogen.

Za'atar Bei dieser Gewürzmischung handelt es sich um getrocknete Blätter des wilden Thymian (genannt Kopfiger Thymian) und des → Wilden Majoran oder Oregano, → Sumach, geröstete → Sesamsamen und Salz. Im Libanon werden sehr oft noch → Koriander, → Anis, Fenchelsamen, Nüsse und Sonnenblumenkerne dazu gegeben. Das Rezept dazu findet sich auf S. 99.

Zimt ist nichts anderes als die getrocknete Rinde des Zimtbaumes und findet in der libanesischen Küche sehr häufig Verwendung.

Frühstück

Bei uns zu Hause in Beirut wurde immer sehr ausführlich gefrühstückt, aber auch hier, in Berlin, gehören Labneh und Khubz für uns zum Frühstück dazu. Und natürlich Obst, allerdings gibt es in diesen Breitengraden nicht so eine üppige Auswahl an frischem Obst, wie wir es aus dem Libanon kennen. Gerade Feigen und Datteln und Honig schmecken zum Frühstück besonders gut, ebenso alle möglichen Melonensorten und natürlich frische süße Trauben. Auch Eier werden gerne zum Frühstück gegessen, ob hartgekocht oder gebraten mit Zimt oder Sumach. In der kälteren Jahreszeit schmeckt ein wärmendes Ful mudammas natürlich immer. Weiterhin gibt es morgens in Beirut an jeder Straßenecke etwas ganz Köstliches, nämlich Knafeh jibneh: ein salzig-süßes mit zartschmelzendem Käse gefülltes Gebäck. In diesem Kapitel gebe ich meine ganz eigene Version dieses traditionellen Frühstückgerichts.

Khubz • Fladenbrot

Khubz oder Chubz oder Khubus ist in arabischen Ländern allgemein der Name für Brot. Gemeint sind Fladenbrote aus Weizenteig. Traditionell wird der Khubz-Teig auf einer runden Scheibe gedreht und danach an der Ofenwand eines Tannur genannten Ofens gebacken. Wenn es fertig gebacken ist, zeigt es charakteristische braune Flecken und hat sich aufgebläht, also eine Tasche gebildet, die, wenn gewünscht, mit Fleisch oder Gemüse gefüllt werden kann. Im Libanon wird dieses Brot eigentlich zu jeder Mahlzeit gereicht. Varianten gibt es sehr viele, hier ein ganz einfaches Rezept, das lockere Brote ergibt. Allerdings müssen diese Brote gleich gegessen werden, denn sie werden schnell hart. Dann werden sie für Suppen oder Salate verwendet.

Für 8 Fladen

500 g Mehl Type 550
1 TL Salz
15 g frische Hefe
etwas Zucker
2 EL gutes libanesisches Olivenöl
300 ml kaltes Wasser

- Das Mehl mit Salz in einer Schüssel gründlich vermengen.
- Die Hefe in einer Tasse in ein wenig warmen Wasser mit dem Zucker auflösen. Wenn die Hefe leicht schäumt das Olivenöl unterrühren. Diese Mischung sowie das Wasser mit einem Holzlöffel in das Mehl rühren, bis das Mehl gebunden ist. Den Teig dann auf eine bemehlte Arbeitsfläche geben und etwa 10 Min. gut durchkneten, dabei immer wieder falten. Ist der Teig schön geschmeidig geworden, zu einer Kugel formen und in einer leicht geölten Schüssel abgedeckt 1 1/2 Std. bei Raumtemperatur gehen lassen, bis sich der Teig verdoppelt hat.
- Den Teig auf einer bemehlten Arbeitsfläche kurz durchkneten, dann 8 gleich große Kugeln daraus formen, mit Mehl bestäuben und abgedeckt weitere 30 Min. gehen lassen.
- Den Backofen auf 250 °C vorheizen.
- Die Kugeln mit einem Nudelholz zu kleinen Fladen ausrollen, diese wieder bemehlen und abgedeckt 15 Min. ruhen lassen.
- Währenddessen ein Blech in den heißen Backofen auf die unterste Schiene geben. Ist das Blech richtig heiß, die Fladen darauf geben. Nach ein paar Min. werden sie wie ein Ballon aufgehen. Dann umdrehen und von der anderen Seite kurz backen lassen, damit auch diese Seite etwas Farbe bekommt. Diese Brote brauchen nicht länger als etwa 5 Min. im Backofen. Zum Frühstück zu Labneh reichen.

Labneh • Frischkäse

Dieser Frischkäse wird aus Joghurt hergestellt und steht im Libanon schon zum Frühstück auf dem Tisch. Je nachdem wie lange der Joghurt abtropft, wird daraus ein eher cremiger oder ein festerer Frischkäse. Er kann einfach so gegessen oder als Aufstrich verwendet werden oder er wird zu Bällchen geformt, in Kräutern gewälzt und in Öl eingelegt. Wenn ich die cremigere Variante zubereite, nehme ich 400 g griechischen Jogurt mit 10% Fett und 600 g cremigen Naturjoghurt mit 3,5% Fettanteil. Für Schanklish, die Frischkäsebällchen von S. 73, allerdings muss griechischer Joghurt genommen werden, denn nur dann lässt sich der Käse formen.

Für 8 Portionen

1 kg	griechischer Joghurt (10%)
1 1/2 TL	Salz

- Ein feinmaschiges Küchensieb über eine Schüssel hängen und mit einem sauberen feinen Küchenhandtuch oder Mulltuch auslegen.
- Den Joghurt salzen, auf das Tuch geben und mit Frischhaltefolie abdecken.
- Die Schüssel mit dem Sieb mind. 12 Std., am besten aber 24 Std. in den Kühlschrank stellen. In dieser Zeit verliert der Joghurt seine Molke und wird zu Labneh.
- Die Molke ist übrigens sehr gesund und kann einfach so getrunken werden.

Labneh mit Cherrytomaten und Gurke

Dies ist eine klassische Zubereitung, aber Sie können natürlich auch andere frische Kräuter wie z.B. Schnittlauch, glatte Petersilie, Minze oder auch Basilikum nutzen.

Für 4 Portionen

etwa 500 g	Labneh
1 Handvoll	Cherrytomaten
1	Minisalatgurke
	Salz
einige	frische Thymianblättchen
	gutes libanesisches Olivenöl

- Den Labneh auf vier kleine Schüsseln verteilen.
- Cherrytomaten und Gurke waschen, putzen, in mundgerechte Stücke zerschneiden und auf dem Labneh verteilen und salzen. Die abgezpuften Thymianblättchen darauf streuen und mit einigen Spritzern Olivenöl besprenkeln. Dazu gibt es Khubz (S. 24) bzw. dünnes Pitabrot.

Masabaha • Hummus mit typischem Gemüseteller

Das deftige Frühstücksgericht Masabaha ist nichts anderes als Hummus, der mit gerösteten Kichererbsen und Olivenöl serviert wird. Dazu gibt es den typischen libanesischen Gemüseteller mit Labneh (S. 25) oder Joghurt.

Für 8 Portionen

- **1** rote Zwiebel
- **1** Portion Labneh (S. 25)
- **1/2** Salatgurke
- **2** große Flaschentomaten
- **1** Handvoll Oliven
- insgesamt 1/2 Bund frische Minze u. glatte Petersilie
- **1** Handvoll Kichererbsen (aus der Dose)
- Salz und Pfeffer
- **1** Portion Hummus (S. 62)
- gutes libanesisches Olivenöl
- frische Kresse o. Senfblätter zum Garnieren
- Zitronenschnitze
- **4** Khubzs (S. 24) bzw. dünne Pitabrote

- Das Gemüse waschen, putzen, in mundgerechte Stücke zerschneiden und mit der Hälfte der Kräuter appetitlich auf einem Servierteller an richten.
- Einige Spritzer Olivenöl in einer Pfanne bei mittlerer Hitze heiß werden lassen, die Kichererbsen hineingeben, salzen und anrösten, bis es duftet, das dauert etwa 4 Min.
- Den Hummus in eine Schale geben, eine kleine Vertiefung hineindrücken und die gerösteten Kichererbsen dort hineingeben. Mit einigen Spritzern Olivenöl beträufeln.
- Die restliche Minze und Petersilie feinhacken, unter den Labneh rühren, mit Salz und Pfeffer abschmecken und zum Gemüseteller mit Khubz bzw. Pitabrot servieren.

Bed bi banadoura • Tomatenrührei

Dies ist sozusagen die ganz einfache Variante des inzwischen auch in Deutschland beliebten Gerichts Schakschuka.

Für 4 Portionen

2 große Flaschentomaten
3 EL gutes libanesisches Olivenöl
4 Eier
1/2 TL Baharat (S. 99) oder mehr
Salz

- Die Tomaten waschen, putzen und in kleine Würfel schneiden.
- Olivenöl in einer großen Pfanne bei hoher Hitze heiß werden lassen, die Tomatenwürfel hineingeben, die Hitze reduzieren, und die Tomatenwürfel anbraten, bis sie gerade beginnen zu zerfallen.
- Baharat unter die Tomaten mischen, mit Salz abschmecken, die Eier hineinschlagen und je nach Geschmack gar nicht, leicht oder stark mit den Tomatenwürfeln verrühren und stocken lassen.
- Auf Teller verteilen, salzen und mit Labneh (S. 25) oder dem Gemüseteller von S. 26 oder beidem servieren.

Halloum • Gebratener Halloumi

Halloumi ist eine zypriotische Käsespezialität, die aus der Milch von Kühen, Schafen und Ziegen oder einer Mischung dieser Milchsorten hergestellt wird. Halloumi wird in der gesamten Levante gern gegessen. Wir haben ihn oft zum Frühstück gegessen – entweder pur oder besonders gern mit der französisch angehauchten pikant-süßen Zwiebelkonfitüre oder der samtig-süßen Tomatenkonfitüre. Sie können den Halloumi für das Frühstück aber auch einfach scharf anbraten, mit Olivenöl beträufeln und dazu Oliven oder auch frisches Obst reichen. Halloumi muss richtig heiß gegessen werden, wenn er abkühlt, wird er nämlich zäh und gummiartig.

1 Packung Halloumi natur (250 g)

- Den Halloumi in etwa 2 cm dicke Scheiben schneiden. Eine beschichtete Pfanne ohne Fett bei starker Hitze heiß werden lassen, und die Käsescheiben schnell von beiden Seiten goldbraun anbraten. Die Scheiben sofort servieren.

Halloumi mit roter Zwiebelkonfitüre

Für 1 mittelgroßes Schraubglas

500 g rote Zwiebeln
3 EL gutes libanesisches Olivenöl
100 g Rohrzucker
2 Lorbeerblätter
1/2 Zimtstange
1 kleine Handvoll Thymianblättchen
1 TL Salz, am besten Sel gris
100 ml Aceto Balsamcio di Modena
schwarzer Pfeffer

- Die geschälten Zwiebeln halbieren und in feine halbe Ringe schneiden.
- Das Olivenöl in einer Pfanne bei mittlerer Hitze heiß werden lassen, und die Zwiebelstreifen darin in etwa 6 Min. glasig dünsten. Thymianblättchen, Lorbeerblätter, die halbe Zimtstange sowie Salz und Zucker hinzufügen, unterrühren und kurz mitdünsten.
- Den Aceto Balsamico angießen, und das Ganze mind. 45 Min. ohne Deckel bei geringer Hitze köcheln lassen, dabei alle paar Minuten mit einem Holzlöffel umrühren.
- Wenn die Konfitüre schön eingedickt ist, die Lorbeerblätter und die Zimtstange entfernen, mit frisch gemahlenem Pfeffer würzen und in ein steriles Schraubglas füllen. Nach dem Öffnen des Glases hält sich die Konfitüre gut 10 Tage im Kühlschrank.
- Die heißen Halloumischeiben auf Tellern anrichten, jeweils einen großen Löffel Zwiebelkonfitüre daraufsetzen und sofort servieren.

Halloumi mit Tomatenkonfitüre

Für 4 Portionen

4 Flaschentomaten
400 g weißer Zucker
Salz und Pfeffer (optional)
Sesam zum Bestreuen

- Den Stielansatz der Tomaten herausschneiden, und die Haut auf der Unterseite kreuzweise einritzen. Die Tomaten mit kochendem Wasser übergießen und nach etwa 10 Sek. aus dem heißen Wasser heben, mit kaltem Wasser abspülen und die Haut abziehen. Oder Sie schälen die Tomaten einfach mit einem Tomatenschäler.
- Die Tomaten nebeneinander in einen Topf tun, den Zucker dazugeben und bei sehr schwacher Hitze 2 Std. köcheln lassen. Dabei die Tomaten gelegentlich vorsichtig ein wenig hin und her bewegen, damit sie nicht am Topfboden ansetzen. Wenn Sie das sehr vorsichtig machen, bleiben die Tomaten sogar ganz, aber es ist nicht wichtig, dass sie ganz bleiben. Den Topf vom Herd ziehen, und die Tomaten mind. 1 Std. auskühlen lassen. Wer möchte kann jetzt noch mit Salz und Pfeffer abschmecken.
- Die heißen Halloumischeiben (s. gegenüberliegende Seite) auf Tellern anrichten und jeweils eine Tomate bzw. einen großen Löffel Tomatenkonfitüre daraufsetzen und sofort servieren.

Bed bi sumac • Spiegeleier mit Sumach

In fast der ganzen Welt werden morgens gern Eier gegessen. Diese Spiegeleier bekommen ihren orientalischen „Kick“ durch das Gewürz Sumach, aber auch mit Zimt esse ich sie gerne.

Für 2 o. 4 Portionen

4 Eier
1 EL gutes libanesisches Olivenöl
1 EL Sonnenblumenöl
1 TL Sumach
Salz
frisch gemahlener weißer Pfeffer
frische Radieschen
Frühlingszwiebeln

- Die Radieschen und Frühlingszwiebeln waschen, putzen, in mundgerechte Stücke schneiden und auf 2 oder 4 Teller verteilen.
- Beide Ölsorten in eine große Pfanne geben und bei mittlerer bis hoher Hitze heiß werden lassen, die Eier hineinschlagen, Hitze reduzieren und schnell fertig braten. Mit Sumach bestreuen und salzen und pfeffern. Sofort auf die Teller verteilen und mit Khubz (S. 24) bzw. dünnem Pitabrot servieren.

Manakish • „Frühstückspizza" mit Za'atar und Käse

Manakish ist ein sehr beliebtes traditionelles Frühstücksgericht, das früher morgens von den Frauen im Gemeinschaftsofen eines Dorfes oder eines Stadtteils gebacken wurde. Traditionell wird der Teig mit Za'atar belegt. Aber inzwischen gehören auch Käse oder Spinat zu den beliebten Toppings. Dazu werden gern frische Radieschen und Frühlingszwiebeln gegessen. Mittags oder als Mezze werden die Manakish auch gern mit Fleisch oder Chilis belegt.

Für 8 Stück

Für den Teig

1 TL	Trockenhefe
1 TL	Zucker
1/2 TL	Salz
250 g	Mehl (am besten Type 550)
2 EL	gutes libanesisches Olivenöl
150 ml	lauwarmes Wasser

Für die den Za'atar-Belag

1–2 gehäufte	EL Za'atar (S. 99)
1–2 EL	gutes libanesisches Olivenöl

Für die den Käse-Belag

2 EL	Feta
2 EL	geriebener Mozzarella
1/2 TL	getrockneter Oregano

- Die trockenen Zutaten verrühren, dann das Olivenöl hineinträufeln, das warme Wasser angießen und mit einem mit einem Holzlöffel rühren, bis das Mehl gebunden ist. Den Teig dann auf eine bemehlte Arbeitsfläche geben und etwa 10 Min. gut durchkneten, dabei immer wieder falten. Ist der Teig schön geschmeidig geworden, zu einer Kugel formen und in einer leicht geölten Schüssel abgedeckt 1 1/2 Std. bei Raumtemperatur gehen lassen, bis sich der Teig verdoppelt hat.
- Den Backofen auf 200 °C vorheizen.
- Mit bemehlten Händen den Teig aus der Schüssel auf eine bemehlte Arbeitsfläche geben und mit einem Teigschaber in zwei Hälften teilen. Aus den Hälften jeweils eine Rolle formen, diese in vier gleich große Teile teilen, zu Kugeln formen und beiseitestellen.
- Für den Za'atar-Belag die Gewürzmischung mit Olivenöl mischen, bis eine nicht zu flüssige Paste entstanden ist.
- Für den Käse-Belag wird der Feta mit der Gabel zerdrückt und mit dem geriebenen Mozzarella sowie dem Oregano vermischt.
- Vier der Kugeln nun auf der bemehlten Arbeitsfläche zu kleinen Kreisen ausrollen und auf ein mit Olivenöl ausgepinseltes Backblech geben und mit dem Za'atar-Belag bestreichen, mit den vier anderen Kugeln ebenso verfahren und mit der Käsemasse belegen.
- Die kleinen „Pizze" im vorgeheizten Backofen etwa 5–10 Min. backen lassen, bis der Teig goldbraun ist.

Fatteh • Geröstetes Fladenbrot mit Joghurt, Pinienkernen und Kichererbsen

Dieses „Grundgericht“ der levantinischen Küche besteht aus knusprigen Khubz (S. 24) bzw. Pitabrotstücken, warmen Kichererbsen, kühler würziger Joghurtsauce und gerösteten Pinienkernen. Ein absoluter Genuss wie diese unterschiedlichen Konsistenzen der verschiedenen Zutaten sowie die unterschiedlichen Temperaturen zu einem köstlichen Ganzen verschmelzen. Es ist sehr einfach und schnell zuzubereiten und wird als Frühstück oder als Mezze gegessen.

Für 4–6 Portionen

3	Kbuhz (S. 24) bzw. dünne Pitabrote, in mundgerechten Stücken
1 Dose	Kichererbsen à 400 g
	Salz
250 g	cremiger Joghurt (3,5%) o. griechischer Joghurt (10%) o. cremiger Labneh (S. 25)
3	Knoblauchzehen, feingehackt
1/2 TL	gemahlener Kreuzkümmel
3 EL	Zitronensaft
2 EL	Sesampaste (optional)
2 Handvoll	Pinienkerne
1 TL	gehackte glatte Petersilie

- Den Backofen auf 175 °C vorheizen.
- Die Brotstücke auf ein Backblech geben und mind. 10 Min. backen, bis sie leicht gebräunt und knusprig sind. Beiseitestellen.
- Pinienkerne in einer Pfanne ohne Fett rösten, bis sie duften und goldbraun sind, das geht schnell, dabei stetig rühren. Die Kerne sofort auf einen Teller kippen und abkühlen lassen.
- Die Kichererbsen in ein Sieb geben und abspülen. Mit etwa 1/4 der Dosenflüssigkeit in einen kleinen Topf geben und bei mittlerer Hitze etwa 15 Min. köcheln lassen, bis das Wasser größtenteils absorbiert ist. Mit Salz abschmecken und vom Herd ziehen.
- In der Zwischenzeit Joghurt, Knoblauch, Kreuzkümmel, Zitronensaft und Sesampaste (Tahini) mit einer Prise Salz in eine große Schüssel geben und gut verrühren. Wenn die Mischung zu dick ist, etwas Wasser einrühren, bis die gewünschte Konsistenz erreicht ist. Mit Salz und Zitronensaft abschmecken.
- Die gerösteten Brotstücke evtl. noch einmal durchbrechen und auf einer tiefen Servierplatte nebeneinander anordnen. Die warmen Kichererbsen, danach die kühle Joghurtsauce daraufgeben. Mit den gerösteten Pinienkernen und der gehackten Petersilie bestreuen und sofort servieren.

Ful mudammas • Würzige Ackerbohnen mit Tomaten

Ful oder Foul ist nicht nur im Libanon, sondern im ganzen Nahen Osten ein beliebtes und sättigendes Frühstück aus Ackerbohnen (S. 16). Traditionell werden die Bohnen 24 Std. eingeweicht und über Nacht gegart. Doch schon meine Mutter hat die aus der Dose genommen, es geht einfach so viel schneller und schmeckt mir jedenfalls genauso gut. In einigen Gegenden des Libanon wird statt Zitronensaft Weintraubenessig zum Würzen verwendet. Schmeckt sehr frisch und spritzig. Dazu werden gern Frühlingszwiebeln, Oliven, Zitronenspalten und natürlich Khubz (S. 24) bzw. dünnes Pitabrot, gereicht.

Für 4–6 Portionen

2 Dosen Ackerbohnen à 400 g
mind. 4 Knoblauchzehen
4 EL gutes libanesisches Olivenöl
2 EL Zironensaft o. Weintraubenessig
Salz und frisch gemahlener Pfeffer
1 1/2 TL gemahlener Kreuzkümmel
1/2 Bund glatte Petersilie, gehackt
1 große Tomate, gewürfelt

- Jeweils 1/4 der Dosenflüssigkeit mit den Bohnen in einen Topf geben.
- Die geschälten Knoblauchzehen mit Salz zu einer Paste mörsern, mit dem Olivenöl und dem Kreuzkümmel in den Topf geben und das Ganze bei mittlerer Hitze etwa 15 Min. köcheln lassen.
- Mit Salz und Pfeffer sowie Zitronensaft oder Weintraubenessig abschmecken, auf kleine Schüsseln verteilen, mit der gehackten Petersilie und den Tomatenstückchen bestreuen und sofort servieren.

Knafeh jibneh • Engelshaargebäck mit Orangenblütensirup

Eine der beliebtesten traditionellen libanesischen Backwaren zum Frühstück ist Knafeh oder Knefe. Er wird aus Kadayifteig hergestellt, auch Engelshaar genannt, weil er aus ganz feinen Teigfäden besteht. Es gibt ihn im Türkischen Supermarkt. Dieses köstliche, mit Käse gefüllte Gebäck gibt es morgens im Libanon an jeder Straßenecke zu kaufen – serviert in einem herzhaften Sesambrot, genannt Ka'ik, mit Zuckersirup. Die Käseschicht besteht traditionell aus Ackawi-Käse, einem festen weißen Käse. Ein guter Ersatz ist frischer Mozzarella. Dieses Rezept ist dem Knafeh, den ich aus Bäckereien im Libanon kenne, am ähnlichsten. Und wenn ich das Gericht schon selbst zubereite, dann statt mit einfachem Zuckersirup mit fruchtigem Orangenblütensirup.

Für eine Auflaufform 20x30 cm

50 g geschälte Mandeln
1 Handvoll Pistazienkerne
100 g Samna o. Ghee o. geklärte Butter (S. 18)
200 g Engelshaarteigfäden (Kadayif)
250 g Mozzarella o. Ackawai-Käse

Für den Orangenblütensirup

150 g Zucker
170 ml Wasser
1 EL Zitronensaft
2 TL Orangenblütenwasser

- Den Backofen auf 250 °C vorheizen.
- Die Mandeln und Pistazienkerne getrennt hacken und beiseitestellen.
- Die geklärte Butter in einer Pfanne bei mittlerer Hitze schmelzen. Die Kadayif-Teigfäden auseinanderziehen und in der geschmolzenen Butter wenden. Die Auflaufform mit der Hälfte der Teigfäden auslegen.
- Den Käse grob reiben, auf den Fäden verteilen, mit den restlichen Teigfäden bedecken, und die gehackten Mandeln daraufstreuen. Die Masse mit einem Teller oder ähnlichem fest andrücken.
- Die Auflaufform in die mittlere Schiene des heißen Backofens schieben, die Temperatur auf 200 °C reduzieren und etwa 30 Min. backen, die Knafeh soll schön braun werden.
- Währenddessen in einem kleinen schweren Topf Zucker, Wasser und Zitronensaft verrühren und einmal aufkochen lassen. Die Hitze reduzieren und etwa 5 Min. köcheln lassen, bis sich der Zucker aufgelöst hat und eine sirupartige Konsistenz entstanden ist. Vom Herd ziehen und das Orangenblütenwasser hineinrühren.
- Nach Ende der Backzeit die Auflaufform aus dem Ofen nehmen, und die Masse mit etwa der Hälfte des warmen Orangenblütensirups begießen. Die Pistazien darauf verteilen und das Gebäck heiß oder warm genießen, dazu den restlichen Orangenblütensirup reichen.

Kabis · Eingelegtes

Im Libanon sind säuerlich-pikante Aromen sehr beliebt, daher gibt es auch sehr viel verschiedenes eingelegtes Gemüse, Kabis genannt. In Beirut ist der Souk el Tayeb weithin bekannt für seine großen Vorratsgläser mit Eingelegtem aller Art und in allen Farben. Beim Souk el Tayeb handelt es sich um einen wöchentlichen Bauernmarkt, der von einer Bio-Genossenschaft organisiert wird.

Die traditionelle libanesische Art des Einlegens ist die in Salzlake, also Fermentieren. Doch die Franzosen brachten u.a. den Weißweinessig in den Libanon und dadurch entwickelte sich auch eine französisch angehauchte Art des Konservierens. Ich mag beide Arten gerne, und deshalb gebe ich hier alternative Rezepte für dieselben Gemüse. Kabis, also Pickles, werden wirklich zu allen warmen und kalten Mezze gereicht. Ja, manchmal sogar schon zum Frühstück gegessen.

Kabis lifet I. • Eingelegte weiße Rübchen auf klassische libanesische Art

Für 4 große Schraubgläser

1 Rote Bete
2 l Wasser
4 gehäufte EL grobes Meersalz
2 kg möglichst kleine weiße Rübchen
4 scharfe Peperonischoten (optional)
4 Lorbeerblätter

- Die Rote Bete putzen, in grobe Stücke schneiden und in die 2 Liter Wasser geben. Einmal aufkochen lassen, damit sich das Wasser rot verfärbt. In dieses rotgefärbte Wasser werden die weißen Rübchen eingelegt, sie färben sich dadurch rosa, und das sieht wunderbar appetitlich aus. Die Rote Bete aus dem Wasser heben, das Meersalz in dem heißen Wasser auflösen. Die Bete bitte anderweitig verwenden.
- Die weißen Rübchen gründlich waschen, putzen, vierteln und auf sterile Schraubgläser verteilen, dabei die Gläser fast ganz mit den Rübchen füllen.
- Das Salzwasser darübergießen, bis alle Rübchenviertel mit Wasser bedeckt sind.
- Die Gläser mehrmals auf der Arbeitsfläche aufklopfen, damit sich evtl. Luftblasen lösen. Frischhaltefolie über die Gläser spannen, und dann die Deckel fest zuschrauben. Die Gläser mehrere Male umdrehen, damit sich alle Zutaten gleichmäßig verteilen.
- An einem kühlen dunklen Platz sind die Pickles bis zu drei Monate haltbar, sie müssen vor dem Verzehr aber einen Monat durchziehen können.

Kabis lifet II. • Eingelegte weiße Rübchen französisch angehaucht

Für 2 große Schraubgläser

1 kg	möglichst kleine weiße Rübchen
4	Knoblauchzehen
1 l	Wasser
3 gehäufte EL	Salz, am besten Fleur de sel o. Sel gris
350 ml	Weißweinessig
2	Lorbeerblätter
1/2 TL	Gewürznelken
1 TL	schwarze Pfefferkörner
1	kleine Rote Bete

- Die weißen Rübchen gründlich waschen, putzen und in etwa 6 cm lange und 1 cm dicke Stifte schneiden.
- Knoblauchzehen schälen und leicht andrücken
- Das Wasser mit dem Salz in einen Topf geben und langsam warm werden lassen, bis sich das Salz aufgelöst hat, dann den Essig angießen, einmal aufkochen lassen und vom Herd ziehen. Die Rübchenstifte, den Knoblauch und die Gewürze in das Wasser geben und komplett abkühlen lassen.
- Sterile Schraubgläser bereitstellen.
- Die Rote Bete schälen und jeweils 1 dicke Scheibe unten in die Gläser geben. Die Rübchenstifte mit den Gewürzen daraufschichten und den Essigsud angießen.
- Die Gläser mehrmals auf der Arbeitsfläche aufklopfen, damit sich evtl. Luftblasen lösen. Frischhaltefolie über die Gläser spannen, und dann die Deckel fest zuschrauben. Die Gläser mehrere Male umdrehen, damit sich alle Zutaten gleichmäßig verteilen.
- Diese Rübchen sind bereits nach fünf Tagen verzehrfertig und können nach dem Öffnen etwa einen Monat im Kühlschrank aufbewahrt werden.

Kabis khiar I. • Eingelegte Gürkchen auf klassische libanesische Art

Für 4 große Schraubgläser

2 l heißes Wasser
5 gehäufte EL grobes Meersalz
2 kg möglichst kleine Gurken
4 scharfe Peperonischoten (optional)
4 Lorbeerblätter

- Das Meersalz im heißen Wasser auflösen.
- Die Gürkchen gründlich waschen, mit einem Zahnstocher mehrfach einstechen, und mit den Gewürzen auf sterile Schraubgläser verteilen, dabei die Gläser fast ganz mit den Gurken füllen. Das Salzwasser darübergießen, bis alle Gurken mit Wasser bedeckt sind.
- Die Gläser mehrmals auf der Arbeitsfläche aufklopfen, damit sich evtl. Luftblasen lösen. Frischhaltefolie über die Gläser spannen, und dann die Deckel fest zuschrauben. Die Gläser mehrere Male umdrehen, damit sich alle Zutaten gleichmäßig verteilen.
- An einem kühlen dunklen Platz sind die Pickles bis zu drei Monate haltbar, sie müssen vor dem Verzehr aber einen Monat durchziehen können.

Kabis khiar II. • Eingelegte Gürkchen französisch angehaucht

Für 2 große Schraubgläser

1 kg möglichst kleine Gurken
6 Knoblauchzehen
1 TL Fenchelsamen
1 TL Piment
150 ml Weißweinessig
2 EL weißer Zucker
3 EL Salz, am besten Fleur de sel o. Sel gris
1 l Wasser

- Die Gürkchen gründlich waschen, mit einem Zahnstocher mehrfach einstechen und mit den geschälten Knoblauchzehen und den Fenchelsamen sowie Piment auf sterile Schraubgläser verteilen, dabei die Gläser fast ganz damit füllen.
- Essig, Zucker, Salz und Wasser in einem Topf einmal aufkochen lassen. Die heiße Flüssigkeit sofort in die Schraubgläser füllen, bis die Gurken vollständig bedeckt sind.
- Die Gläser mehrmals auf der Arbeitsfläche aufklopfen, damit sich evtl. Luftblasen lösen. Frischhaltefolie über die Gläser spannen, und dann die Decke fest zuschrauben. Die Gläser mehrere Male umdrehen, damit sich alle Zutaten gleichmäßig verteilen.
- Diese Gurken sind bereits nach einer Woche verzehrfertig und können nach dem Öffnen etwa einen Monat im Kühlschrank aufbewahrt werden.

Eingelegte Oliven nach Beiruter Art

Für 1 kleines Schraubglas

mind. 6 EL gutes libanesisches Olivenöl
2 TL Zitronensaft o. Weintraubenessig
2 Knoblauchzehen, geschält und leicht angedrückt
1 TL abgeriebene Zitronenschale
1 TL Dillsamen
400 g grüne o. schwarze Oliven, entsteint

- Alle Zutaten, bis auf die Oliven, in das sterile Schraubglas geben und sorgfältig miteinander verrühren, dann die Oliven hinzufügen. Sie sollen vollständig mit Flüssigkeit bedeckt sein, evtl. muss noch Olivenöl nachgegeben werden.
- Das Glas mehrmals auf der Arbeitsfläche aufklopfen, damit sich evtl. Luftblasen lösen. Frischhaltefolie über das Glas spannen, und dann den Deckel fest zu schrauben. Das Glas mehrere Male umdrehen, damit sich alle Zutaten gleichmäßig verteilen.
- Die Oliven vor dem Verzahr etwa eine Woche stehen lassen, damit sie gut durchziehen können.

Makdus • Eingelegte Mini-Auberginen mit Walnüssen

Nicht nur ich, wohl alle Libanesen vermissen die typischen Mini-Auberginen, die für diesen Pickle nötig sind. Doch im Herbst gibt es sie für kurze Zeit auch in Deutschland in türkischen, arabischen oder indischen Lebensmittelläden zu kaufen. Die Mini-Auberginen werden gekocht, mit Knoblauch, Walnüssen und Chili gefüllt und mindestens eine Wochen in Olivenöl eingelegt. Dabei passiert etwas Magisches: Die Auberginen fermentieren und entwickeln einen unvergleichlichen leicht säuerlich-pikanten Geschmack. Man kann sie im Ganzen servieren oder feingeschnitten in Salate geben oder einfach zu Fladenbrot essen, egal ob morgens, mittags oder abends. Aber seien Sie vorsichtig: Sie machen wirklich süchtig.

Für 1 großes Schraubglas

1,5 kg Mini-Auberginen
1 rote Paprikaschote
2 rote Peperoni
10 Knoblauchzehen (oder mehr)
120 g Walnüsse
div. EL grobes Meersalz
1 TL feines Salz
1/2 TL Chili- o. Paprikapulver (optional)
gutes libanesisches Olivenöl

- Die Mini-Auberginen waschen, den Stengel und den Stengelansatz wegschneiden, und die Aubergine etwa 1 cm tief der Länge nach einschneiden. Aber nicht in den oberen und unteren Rand schneiden.
- Wasser in einen Topf geben, einmal aufkochen lassen, die Auberginen hineingeben und gut 6 Min. köcheln lassen. Diese kurze Kochzeit bezieht sich auf die wirklichen Mini-Auberginen, so werden sie ein wenig weich, aber nicht matschig. Wenn Sie die kleinen runden Auberginen nehmen, kann sich die Kochzeit auf bis zu 15 Min. erhöhen. Die gekochten Auberginen für 15 Min. in einen Topf mit richtig kaltem Wasser geben, um den Garvorgang zu unterbrechen.
- Die Auberginen abtropfen lassen, den Einschnitt auseinanderziehen und jeweils etwa 1/4 TL grobes Meersalz in den Einschnitt reiben. Dann mit der Schnittfläche nach unten in ein Sieb stapeln, etwas richtig Schweres daraufsetzen, und die Auberginen so etwa 1 Tag lang entwässern lassen.
- Am nächsten Tag die Paprikaschote und die Peperoni waschen, putzen, sehr kleinwürfeln und in eine Schüssel geben.
- Die Knoblauchzehen schälen, vorher leicht andrücken, dann geht das Schälen schneller, dann sehr feinwürfeln und in die Schüssel geben.
- Die Walnüsse grobhacken, in die Schüssel geben und alle Zutaten sowie 1 TL feines Salz und das Chili- oder Paprikapulver gut miteinander vermengen.
- Die Mini-Auberginen sehen nach einem Tag etwas plattgedrückt aus, und das ist richtig so. Sie haben nun alles überschüssige Wasser verloren. Jeweils einen gut gehäuften TL der Paprika-Knoblauchmasse in den Einschnitt geben und diesen dann zudrücken.
- Die gefüllten Auberginen sehr eng horizontal in ein steriles Schraubglas stapeln, dann Olivenöl angießen, bis sie bedeckt sind. Mit einem langen Messer an der Glasinnenseite entlangfahren, damit sich das Öl überall verteilen kann, nochmals Öl nachgießen.
- Frischhaltefolie über das Glas spannen, und dann den Deckel fest zu schrauben. Das Glas mehrere Male umdrehen, damit sich alle Zutaten gleichmäßig verteilen.
- Schon nach einer Woche können die Makdus genossen werden.

Kalte Mezze

Mezze, auch Meze oder Mazza genannt, gelten als der Inbegriff libanesischer Genusskultur. Jeder, der an den Libanon denkt, denkt sofort auch an Mezze, also an die vielen kleinen Teller mit kalten und warmen, überwiegend vegetarischen Vorspeisen. Mezze (ausgesprochen wird es [mɛzɛ:], also Mese mit kurzem ersten e und weichem s) bezeichnet eigentlich die Art des Servierens der Vorspeisen, also auf vielen kleinen Tellern oder Schälchen, die Im Libanon in der Mitte des Tisches angeordnet werden und von denen sich jeder selbst bedient.
Alle Länder der Levante und Umgebung haben ihre eigenen Mezze, aber besonders der Libanon und die Türkei hatten starken Einfluss auf die anderen Länder, was die Zutaten sowie die Zubereitung der Mezze angeht. Es gibt bestimmt 50 verschiedene Mezze, die als traditionell gelten. Ganz so viele habe ich in diesem Buch zwar nicht zusammengetragen, aber doch so viele, dass zwei große Kapitel sich nur den Mezze widmen, nämlich: Kalte Mezze und Warme Mezze. Im Vorwort des zweiten Mezze-Kapitels gebe ich einen Tipp für die Speisen-Zusammenstellung für einen Mezze-Abend.

Pikante Mandeln

Nüsse spielen in der Levante eine große Rolle, sie werden zum Frühstück, zu Vor- und Hauptspeisen, zu Desserts gereicht oder verarbeitet und selbst in Getränken werden sie serviert (S. 147, 149–150).

3 EL Sonnenblumenöl
120 g feiner Rohrzucker
300 g ganze gehäutete Mandeln
2 TL gemahlener Kreuzkümmel
1/2 TL scharfes Paprikapulver o. Chiliflocken
1/2 TL Salz

- Das Sonnenblumenöl bei mittlerer Hitze heiß werden lassen, dann 100 g Zucker sowie die Mandeln hineingeben und kräftig verrühren, nun den Zucker karamellisieren lassen. Dabei aufpassen, dass der Zucker nicht dunkelbraun wird, denn sonst schmecken die Mandeln bitter.
- Die heißen Mandeln in eine kleine Schüssel kippen und sofort mit den Gewürzen vermengen. Danach die Mandeln auf ein kaltes Backblech verteilen, den restlichen Zucker auf die noch heißen Mandeln streuen und trocknen lassen. Wenn sie trocken sind, auseinanderbrechen und in ein Schraubglas geben, luftdicht verschlossen halten sie mehrere Wochen.

Süße Pistazien mit Muskat

Es gibt zahllose Knabbereien im Libanon, hier eine süße Variante, die auch gerne zum Aperitif gereicht wird.

250 g Pistazienkerne, gesalzen
100 g feiner Rohrzucker
1/2 TL gemahlene Muskatnuss o. Muskatblüte
1 TL Zimtpulver

- Die Pistazien in einer Pfanne ohne Fett bei mittlerer Hitze heiß werden lassen, dabei ständig rühren. Wenn sie ein klein wenig Farbe angenommen haben, den Zucker darüberstreuen und unterrühren, dann die Gewürze darüberstreuen und weiterrühren, bis die Pistazien karamellisiert sind.
- Auf ein kaltes Backblech verteilen und trocknen lassen. Wenn sie trocken sind, auseinanderbrechen und in ein Schraubglas geben, luftdicht verschlossen halten sie mehrere Wochen.

Eingelegte grüne Mandeln

Grüne Mandeln gibt es in Deutschland nur auf gut sortierten Märkten im April und Mai zu kaufen. Sie sind flaumig wie junge Pfirsiche. Im April, wenn die Saison in der Levante beginnt, kann man die grüne Schale noch mitessen. Sie schmecken frisch und knackig herb. Diese eingelegten Mandeln einfach mit etwas Salz und Zitrone als kleines Mezze servieren. Sie eignen sich aber auch sehr gut in Streifen geschnitten als pikante Würze in Salaten oder zu gebratenem Huhn.

Für 1 kleines Schraubglas

200 g grüne Mandeln
1 große Biozitrone
150 ml Wasser
1 1/2 TL Salz
1 großer EL Honig
2 Lorbeerblätter
1 Stengel Zitronenmelisse

- Die Mandeln waschen.
- Die Zitrone heiß abwaschen, halbieren, die eine Hälfte in Scheiben schneiden, die andere auspressen.
- Das Wasser mit dem Honig in ein steriles Schraubglas geben und kräftig verrühren. Alle weiteren Zutaten hinzugeben, die Zutaten müssen von Flüssigkeit bedeckt sein. Frischhaltefolie über das Glas spannen, dann den Deckel fest zu schrauben. Das Glas mehrere Male umdrehen, damit sich alle Zutaten gleichmäßig verteilen.
- Mindestens 3 Tage im Kühlschrank durchziehen lassen, die eingelegten grünen Mandeln halten sich viele Wochen im Kühlschrank.

Salat mit grünen Mandeln

Diesen Salat bereitet meine Schwester, immer wenn ich sie im Frühling besuche, speziell für mich zu, denn ich esse ihn für mein Leben gern.

Für 2–4 Portionen

1 Handvoll frische grüne Mandeln
1 Handvoll zerkrümelten Feta
1 Handvoll Löwenzahnblätter
1 kleiner Kopf Lollo rosso o. ä.
Saft von einer 1/2 Zitrone
4–6 EL gutes libanesisches Olivenöl
Salz und Pfeffer o. Cayennepfeffer

- Die Mandeln in Scheiben schneiden und sofort mit ein wenig Zitronensaft beträufeln, sonst werden sie braun.
- Die Salatblätter waschen und vielleicht ein wenig kleinzupfen.
- Alle Zutaten in eine Schüssel geben, salzen und pfeffern.
- Den restlichen Zitronensaft und das Öl kräftig vermengen und unter den Salat mischen.
- Mit Salz und Pfeffer oder Cayennpfeffer abschmecken.

Joghurt mit Roter Bete

Ein sehr schnell zu machendes Mezze, das nicht nur lecker schmeckt, sondern durch das schöne Rot der Roten Bete besonders appetitlich aussieht.

Für 4–6 Portionen

400 g griechischer Joghurt (10%)
Salz und Pfeffer
1 El feingehackte frische Minze o. 1 TL getrocknete Minze
500 g gekochte Rote Bete, feingewürfelt
getrocknete o. frische Minze zum Garnieren

- Den Joghurt cremig rühren und mit Salz und Pfeffer sowie Minze pikant abschmecken. Die Rote-Bete-Würfelchen auf den Joghurt geben und mit ein wenig Minze bestreuen.

Zitronen mit Sardinenfüllung

Dies ist wieder so ein typisch französisch angehauchtes libanesisches Gericht, dass meine Großmutter oft für uns zubereitet hat. Es schmeckt nicht nur sehr gut, sondern sieht auch besonders schön aus. Wichtig ist, dass die Zwiebeln und der Staudensellerie wirklich sehr feingehackt werden.

Für 6 Portionen

3 dicke, möglichst runde Biozitronen
3 EL Mayonnaise
1 1/2 EL Dijonsenf
2 Dosen Ölsardinen à 150 g, abgetropft
1 kleine Stange Staudensellerie, feingehackt
4 Frühlingszwiebeln, feingehackt
2 EL feingehackte glatte Petersilie
Salz und Pfeffer
2 EL Pinienkerne
2–3 grüne Oliven, längs in Scheiben geschnitten

- Die Zitronen mit einem schönen gerade Schnitt halbieren und auspressen, Saft beiseitestellen.
- Die Spitze der jeweiligen Zitronenhälften begradigen, damit sie besser stehen. Restliches Fruchtfleisch und die weiße Haut möglichst vollständig herauslösen, das geht sehr gut mit einem gezackten Grapefruitlöffel. Die Schalen etwa 1 Min. in sprudelndem Wasser blanchieren und dann umgedreht, also mit der offenen Seite nach unten, abkühlen lassen.
- Währenddessen Mayonnaise, Senf und die Hälfte des Zitronensafts in eine Schüssel geben, zu einer glatten Paste verrühren, die abgetropften Sardinen hinzufügen und mit einer Gabel sorgfältig zerdrücken. Die sehr feingehackten Sellerie- und Zwiebelwürfelchen sowie die Petersilie untermischen und mit Salz und Pfeffer sowie weiterem Zitronensaft abschmecken.
- Die Zitronenhälften mit der Masse füllen, und nicht länger als 1 Std. kaltstellen.
- Pinienkerne in einer Pfanne ohne Fett rösten, bis sie duften und goldbraun sind, das geht schnell, dabei stetig rühren. Die Kerne sofort auf einen Teller kippen und abkühlen lassen.
- Die Zitronenhälften mit den Pinienkernen und Olivenscheiben garnieren und mit warmen Khubz (S. 24) bzw. dünnem Pitabrot servieren.

Wara'enab • Gefüllte Weinblätter

Gefüllte Weinblätter werden in der ganzen Levante zubereitet und jede Region, ja, jede Familie hat ihr ganz eigenes Rezept. Ich habe im Laufe der Jahre immer wieder neue Varianten ausprobiert, und dies ist inzwischen unser liebstes Familienrezept. Wenn ich die Füllung mit Auberginenmus zubereite, essen wir die Weinblätter in der Regel kalt, wenn ich sie mit Fleisch zubereite, werden sie heiß oder warm genossen.

Für 35–40 Stück

35–40	vorgekochte o. frische Weinblätter
3 EL	Pinienkerne
1	große Zwiebel, feingehackt
100 g	Langkornreis (am liebsten Basmatireis)
2–3 EL	Korinthen o. Rosinen
3 TL	frische feingehackte Minze
250	Rinderhack o. 1 mittelgroße Aubergine etwa 250 g
3	mittelgroße Tomaten
3 EL	gutes libanesisches Olivenöl
1 TL	Zimtpulver
Saft	von 2 Zitronen
3 TL	gehackte Petersilie
2	Knoblauchzehen, in dünnen Scheiben

- Die vorgekochten Weinblätter 5–10 Min. in kaltem Wasser einweichen und dann abtropfen lassen.
- Die frischen Weinblätter in eine Schüssel geben, mit kochendem Wasser übergießen und 20 Min. ziehen lassen. Danach mit kaltem Wasser abspülen, bis sie sich nicht mehr warm anfühlen. Und die Stengel abschneiden.
- Pinienkerne in einer Pfanne ohne Fett rösten, bis sie duften und goldbraun sind, das geht schnell, dabei stetig rühren. Die Kerne sofort auf einen Teller kippen und abkühlen lassen.
- Das Olivenöl in dieselbe Pfanne geben, und die Zwiebelstückchen bei mittlerer Hitze darin anbraten, bis sie ein ganz klein wenig Farbe nehmen. Den Reis hinzugeben, und solange rühren, bis er mit Öl überzogen ist. Mit kochendem Wasser aufgießen, sodass der Reis gerade bedeckt ist. Korinthen, Pinienkerne, Minze und Zimt einrühren, 5 Min. köcheln lassen, dann in eine Schüssel füllen und den Reis quellen lassen.
- **Für die Fleischfüllung** das Hack mit einer feingehackten Tomate und der Petersilie unter den Reis mischen, alles gut vermengen und mit Salz und Pfeffer abschmecken.

- **Für die Gemüsefüllung** die Aubergine mit einem Tomatenschäler schälen, grobwürfeln und in 2 EL Olivenöl in einem Topf bei mittlerer Hitze anbraten, bis das Auberginenfleisch etwas angebräunt ist. 150 ml heißes Wasser angießen und einmal aufkochen lassen, Hitze reduzieren und bei geschlossenem Deckel etwa 30 Min. köcheln lassen, bis die gesamte Flüssigkeit verkocht ist. Etwas abkühlen lassen, mit Salz und Pfeffer abschmecken, mit einer Gabel zerdrücken und unter den Reis mischen.
- Ein Weinblatt mit der geäderten Seite nach oben auf einen Teller legen, 1 gehäuften Teelöffel der Füllung in die Mitte nahe beim Stiel geben. Das Stielende über die Füllung schlagen, dann die beiden Seiten zur Mitte einschlagen und wie eine kleine Zigarre aufrollen. So mit allen Weinblättern verfahren.
- In einem flachen Schnellkochtopf oder einer Schnellbratpfanne Olivenöl auf den Boden gießen, mit Scheiben der restlichen zwei Tomaten auslegen, die gefüllten Weinblätter dicht nebeneinander darauf verteilen, sie sollen eng an eng liegen. Die Knoblauchscheiben dazwischen stecken, mit Zitronensaft und etwa 180 ml Wasser begießen und mit einigen Spritzern Olivenöl beträufeln. Einen Teller auf die Weinblattrollen legen, damit sie nicht aufgehen. Den Topf verschließen und auf sehr kleiner Flamme 20–30 Min. köcheln. Ohne Schnellkochtopf mindestens 2 Std. köcheln lassen.
- Die Weinblätter entweder heiß oder warm oder kalt auf einer Servierplatte hübsch anrichten und servieren.

Hummus

Dies ist eine wunderbar cremige Variante der Hummuszubereitung. Das Passieren durch das Sieb macht zwar etwas Arbeit, es dauert aber nur ungefähr 5 Min., und glauben Sie mir, es lohnt sich. Statt den Hummus mit Za'atar zu bestreuen, schmeckt er auch gut mit Zimt bestäubt, das mögen meine Kinder am liebsten.

Für 8 Portionen

120 ml	Sesampaste (Tahini)
1	große Knoblauchzehe, grobgehackt
80 ml	gutes libanesisches Olivenöl
3 EL	Zitronensaft
2 TL	Salz
2 Dosen	Kichererbsen à 400 g
	Za'atar (S. 99) o. Zimtpulver zum Bestreuen o. Petersilienblättchen

- Die Sesampaste, Knoblauch, Olivenöl, Zitronensaft und 2 TL Salz in einem Standmixer pürieren, bis eine glatte Paste entstanden ist.
- Die Kichererbsen durch ein Sieb abgießen und die Flüssigkeit auffangen.
- Die Kichererbsen in den Standmixer geben und etwa 1 Min. pürieren. Auf niedrigster Stufe weiterpürieren und langsam etwa 1/3 der Kichererbsenflüssigkeit oder mehr einarbeiten, bis die gewünschte Konsistenz erreicht ist. Danach wieder auf hoher Stufe pürieren, bis der Hummus luftig und sehr cremig ist, das dauert 2–3 Min. Zum Schluss noch einmal mit Zitronensaft und Salz abschmecken.
- Nun ein feinmaschiges Sieb über eine große Schüssel hängen und den Hummus portionsweise mit einem Spatel durch das Sieb passieren.
- Hummus immer bei Zimmertemperatur servieren, niemals direkt aus dem Kühlschrank. Mit einigen Spritzern Olivenöl beträufeln und mit Za'atar bestreut oder mit Zimt bestäubt oder mit Petersilienblättchen garniert servieren.

Khiar bi laban • Joghurt mit Gurken

Ein typisches Gericht der Levante – dies ist die puristische Version, die ich am liebsten mag, denn sie erfrischt besonders gut. Dazu Khubz (S. 24) bzw. dünnes Pitabrot reichen.

Für 6–8 Portionen

500 g	cremiger Joghurt (3,5%)
1	kleine Salatgurke
	Salz
1 TL	getrocknete Minze
1	kleine Knoblauchzehe

- Den Joghurt in einer Schüssel verrühren, bis er schön cremig ist.
- Die geschälte Knoblauchzehe mit wenig Salz zu einer Paste mörsern und mit der getrockneten Minze in den Joghurt rühren.
- Die Gurke schälen, nach Wunsch entkernen, in kleine Würfel schneiden und in den Joghurt rühren. Falls der Joghurt nicht locker genug ist, ein wenig kohlensäurehaltiges Mineralwasser unterrühren. Noch einmal mit Salz abschmecken und zimmerwarm oder kalt servieren.

Muhammara • Paprika-Walnuss-Dip

Muhammara ist ein Dip, der herzhaft, ein wenig süß und ein wenig rauchig schmeckt! Er wird in der gesamten Levante gegessen, ihn zuzubereiten ist ein Kinderspiel, und er schmeckt zu warmen Khubz (S. 24) bzw. Pitabroten ebensogut wie zu gegrilltem Hähnchen oder weißem Fisch.

Für 6 Portionen

2 rote Paprikaschoten
5 EL gutes libanesisches Olivenöl
1 Handvoll geschälte Walnüsse
1 Knoblauchzehe, grobgehackt
2 1/2 EL Tomatenmark
3/4 Tasse Semmelbrösel
2 EL Granatapfelsirup
1 TL frisch gemahlener Pfeffer
1/2 TL Zucker
1 TL Sumach
1/2 TL Salz
1/2 TL Cayennepfeffer
glatte Petersilie zum Garnieren

- Den Backofen auf 220 °C vorheizen.
- Die Walnüsse in einer Pfanne ohne Fett rösten, bis es duftet, das geht schnell. Aus der Pfanne kippen und beiseitestellen.
- Die Paprikaschoten jeweils mit 1 EL Olivenöl bestreichen und auf ein leicht geöltes tiefes Backblech geben. Die Paprikaschoten etwa 30 Min. im heißen Ofen rösten, dabei ein- oder zweimal drehen.
- Die Haut der Paprikaschoten sollte jetzt braune und schwarze Röstflecken aufweisen. Die Schoten für etwa 5 Min. in eine Plastiktüte geben oder in eine Schüssel und diese mit Fischhaltefolie fest abdecken, dadurch wird der Dampf der gerösteten Paprikaschoten aufgefangen, das macht die Haut weich, und sie kann dann einfach, wenn die Schoten genug abgekühlt sind, abgestreift werden. Die Schoten entstielen und entkernen und in grobe Stücke zerteilen.
- Die gerösteten Paprikastreifen mit 3 EL Olivenöl, den Walnüssen, Tomatenmark, Semmelbröseln, Granatapfelsirup, Pfeffer, Zucker, Sumach, Salz und Cayennepfeffer in einem Standmixer zu einer glatten Paste pürieren. Noch einmal abschmecken.
- Zum Servieren den Dip in eine Schüssel füllen, mit etwas Olivenöl beträufeln und mit Walnusshälften garnieren.
- Muhammara hält sich in einem luftdichten Behälter – mit einer dünnen Ölschicht versehen – gut eine Woche im Kühlschrank.

Baba ghanoush o. Mutabbal I. Pikanter Auberginendip

Es gibt unzählige Varianten dieses einfachen und köstlichen Dips, der auf keiner Mezzeplatte im Libanon fehlt. Deshalb stelle ich wenigstens zwei Varianten vor. Traditionell wird die Aubergine über einer offenen Flamme gegrillt und bekommt so einen schönen rauchigen Geschmack, doch die Zubereitung im Backofen ist auch lecker.

Für 4 Portionen

3 Knoblauchzehen
6 EL gutes libanesisches Olivenöl
1/2 Bund glatte Petersilie, feingehackt
1/2 frische rote Chilischote, feingehackt
2 mittelgroße Auberginen
Saft von 1 Zitrone
Salz und frisch gemahlener schwarzer Pfeffer
1/2 TL gemahlener Kreuzkümmel
1 kräftige Prise Zimtpulver
1 Prise Zucker

- Den Backofen auf 200 °C vorheizen.
- Die geschälten Knoblauchzehen mit Salz zu einer Paste mörsern. Mit der feingehackten Petersilie, der Chilischote sowie mit der Hälfte des Olivenöls kräftig verrühren.
- Die Auberginen waschen, längs halbieren, mit den Schnittflächen nach oben auf ein Backblech legen und mit dem Knoblauchöl bestreichen. Im vorgeheizten Backofen etwa 20 Min. garen. Etwas abkühlen lassen.
- Das weiche Auberginenfruchtfleisch von der Schale lösen, in einem Sieb abtropfen lassen, grob hacken und dann mit einer Gabel weiter zerkleinern.
- Mit einem Schneebesen den Zitronensaft und das restliche Olivenöl kräftig unterrühren und mit Salz und Pfeffer, Kreuzkümmel, Zimt und Zucker abschmecken. Mit Khubz (S. 24) bzw. dünnem Pitabrot servieren.

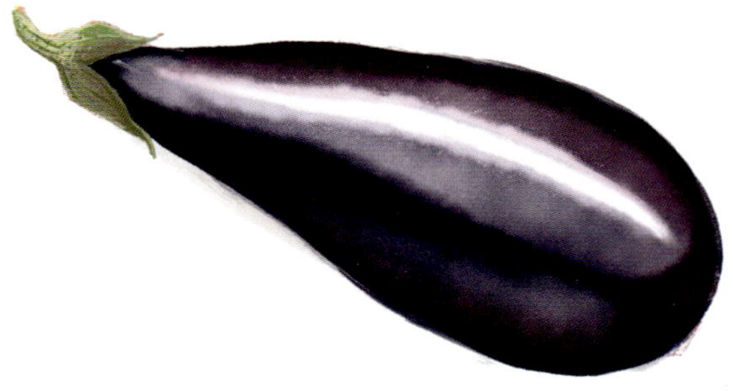

Baba ghanoush o. Mutabbal II. • Auberginendip mit Granatapfelkernen

Ein typisches Gericht der Levante, dies ist die puristische Version, die ich am liebsten mag, denn sie erfrischt besonders gut. Dazu Khubz (S. 24) bzw. dünnes Pitabrot reichen.

Für 4 Portionen

2 mittelgroße Auberginen
4 EL gutes libanesisches Olivenöl
Saft von 1 Zitrone
Salz und frisch gemahlener schwarzer Pfeffer
Granatapfelkerne von 1/2 Frucht

- Den Backofen auf 200 °C vorheizen.
- Auberginen waschen, längs halbieren, mit den Schnittflächen nach oben auf ein Backblech legen und mit 2 EL Olivenöl bestreichen. Im vorgeheizten Backofen etwa 20 Min. garen. Etwas abkühlen lassen.
- Den Granatapfel halbieren, die Kerne der einen Hälfte auslösen (S. 147) und beiseitestellen.
- Das weiche Auberginenfruchtfleisch von der Schale lösen, in einem Sieb abtropfen lassen, grobhacken und dann mit einer Gabel weiter zerkleinern. Mit einem Schneebesen den Zitronensaft und das restliche Olivenöl kräftig unterrühren.
- In eine Schüssel füllen, glattstreichen, noch einige Spritzer Olivenöl daraufgeben und mit den Granatapfelkernen servieren.

Gerösteter Blumenkohl mit Zitrus-Tahini-Sauce

Dieses Mezzegericht macht süchtig, behaupten jedenfalls meine deutschen Freunde!

Für 4–6 Portionen

1	Blumenkohl
	grobes Salz
	gutes libanesisches Olivenöl
2	große rote Zwiebeln
1 Handvoll	Pinienkerne
1 Handvoll	Granatapfelkerne
einge	Blätter glatte Petersilie

Für die Sauce

2–3	Knoblauchzehen
1 TL	Salz
Saft	von einer 1/2 Zitrone oder mehr
Schale und Saft	von einer 1/2 Bioorange oder mehr
3 EL	Sesampaste (Tahini)
400 g	griechischer Joghurt (10%)

- Den Backofen auf 250 °C vorheizen.
- Den Blumenkohl putzen, das Grün abschneiden und dann mit einem wirklich scharfen Messer längs in etwa 3 cm dicke Scheiben schneiden.
- Ein Backblech mit Backpapier auslegen, einige Spritzer Olivenöl daraufträufeln, und die Blumenkohlscheiben darauf verteilen. Die Scheiben wiederum mit einigen Spritzern Olivenöl beträufeln und jede Scheibe großzügig salzen.
- Das Blech für etwa 20 Min. in die mittlere Schiene des heißen Backofens geben. Nach 20 Min. ist der Blumenkohl goldbraun geröstet und hat noch ein wenig Biss. Der Blumenkohl kann jetzt abkühlen (Sie können ihn auch bereits einen Tag zuvor rösten).
- Währenddessen die Zwiebeln schälen, einmal durchschneiden und in dünne halbe Ringe schneiden.
- 2 TL Olivenöl in einer kleinen Pfanne bei mittlerer Hitze heiß werden lassen, die Zwiebelringe dazugeben und braten, bis sie braun und knusprig sind. Dabei gelegentlich umrühren. Aus der Pfanne auf Küchenpapier kippen und beiseitestellen.
- Pinienkerne in einer Pfanne ohne Fett rösten, bis sie duften und goldbraun sind, das geht schnell, dabei stetig rühren. Die Kerne sofort auf einen Teller kippen und abkühlen lassen.

- **Für die Sauce** die geschälten Knoblauchzehen mit dem Salz zu einer Paste mörsern, in eine kleine Schüssel geben und mit dem Zitronensaft verrühren.
- Die Schale einer halben Bioorange abreiben und unterheben und den Saft der halben Bioorange unterrühren.
- Die Sesampaste kräftig unterrühren, dann den Joghurt hineinrühren, die Sauce ist jetzt relativ flüssig, und so soll das auch sein. Mit Salz sowie Zitronen- und Orangensaft noch einmal abschmecken.
- Die abgekühlten Blumenkohlscheiben sternförmig auf einem großen Servierteller anrichten, mit der Sauce beträufeln und die gerösteten Zwiebeln darauf verteilen. Die Pinienkerne und die Granatapfelkerne daraufstreuen und mit ein paar Petersilienblättern garnieren.
- Die restliche Sauce sowie Khubz (S. 24) bzw. dünnes Pitabrot dazu servieren.

Hindbeh bi zeit • Löwenzahnsalat

Ein beliebtes libanesisches Traditionsrezept ist dieser Löwenzahnsalat, der oft auch statt mit Löwenzahn mit Chicoree zubereitet wird. Dieses Rezept stammt aus dem Süden des Libanon. Der Salat kann warm oder kalt serviert werden und hält sich sehr gut einige Tage im Kühlschrank. Löwenzahn schmeckt übrigens im Frühling am allerbesten.

Für 4 Portionen

1 Bund Löwenzahn (o. 2–3 Chicoree)
3 EL gutes libanesisches Olivenöl
2 TL Zitronensaft
1/2 TL Salz
1 kleine Zwiebel

- Den Löwenzahn gründlich unter kaltem Wasser waschen, und etwa 1,5 cm der Stiele abschneiden und wegwerfen.
- Einen Topf mit Wasser einmal aufkochen lassen.
- Den Löwenzahn in etwa 6 cm große Stücke schneiden, in das kochende Wasser geben, die Hitze reduzieren und etwa 15 Min. köcheln lassen, bis er zart und weich ist.
- Währenddessen die Zwiebel schälen, einmal durchschneiden und in dünne halbe Ringe schneiden.
- 2 TL Olivenöl in einer kleinen Pfanne bei mittlerer Hitze heiß werden lassen, die Zwiebelringe dazugeben und braten, bis sie braun und knusprig sind. Dabei gelegentlich umrühren. Aus der Pfanne auf Küchenpapier kippen und beiseitestellen.
- Den Löwenzahn in einem Sieb abtropfen lassen und gut ausdrücken.
- In einer Schüssel den Salat mit dem Zitronensaft sowie dem restlichen Olivenöl gut vermengen und mit Salz abschmecken.
- Die knusprigen Zwiebeln auf dem Salat anrichten und servieren.

Wassermelonensalat

In der gesamten Levante erfreut sich dieser einfache Salat großer Beliebtheit, denn er sieht nicht nur appetitlich und frisch aus, sondern ist in der Tat sehr erfrischend. Meine Kinder lieben ihn.

Für 8 Portionen

50 g Kürbiskerne
800 g sonnengereifte Tomaten, geputzt, entkernt und grobgewürfelt
2 frische mittelgroße Salatgurken, geschält, entkernt und grobgewürfelt
500 g grobgewürfelte Wassermelone ohne Kerne
1/2 mittelgroße rote Zwiebel, feingehackt
3 EL feingehackte glatte Petersilie
2 EL feingehackte Minze
1 Handvoll zerbröselter Feta
Schale und Saft von 2 Biozitronen
3 EL gutes libanesisches Olivenöl
1 TL Sumach
Salz und Pfeffer

- Die Kürbiskerne ohne Fett in einer Pfanne rösten, bis sie duften und leicht gebräunt sind, das dauert etwa 4 Min. Sofort auf einen Teller kippen.
- Tomaten, Gurken, Wassermelone, Zwiebel, Petersilie, Minze und Feta in einer großen Schüssel vermengen.
- In einer kleinen Schüssel Zitronenabrieb und -saft, Olivenöl, Sumach, Salz und Pfeffer kräftig verrühren. Über den Salat gießen, mit den Kürbiskernen bestreuen, sanft vermengen und sofort servieren.

Fattousch • Brotsalat mit Tomaten, Gurken und Radieschen

Es gibt unzählige Varianten des Fattousch, dazu gehört jedenfalls immer geröstetes Khubz (S. 24) bzw. dünnes Pitabrot, Tomaten, Gurke, Knoblauch und Petersilie sowie Sumach, Zitronensaft, Olivenöl und Minze. Diese Kreation kommt mit einem erfrischenden Joghurt-Sumachdressing und vielen frischen Kräutern daher. Sie können den Joghurt aber auch weglassen, wenn Sie möchten. Fattoush fehlt auf keiner Mezze-Tafel.

Für 6 Portionen

2 Khubz (S. 24) bzw. dünne Pitabrote à 15 cm
60 ml gutes libanesisches Olivenöl
120 ml cremiger Joghurt (3,5%)
2 TL Sumach o. Za'atar (S. 99), plus mehr zum Bestreuen
2 EL Zitronensaft
1 Knoblauchzehe
Salz und Pfeffer
2 sonnengereifte mittelgroße Tomaten, geputzt, entkernt und gehackt
1 kleine Salatgurke, geschält, der Länge nach halbiert, entkernt, in Scheiben
5 Radieschen, in dünnen Scheiben
1/2 kleine rote Zwiebel, feingehackt
4 Frühlingszwiebeln, in dünnen Röllchen
1 kleine Handvoll grobgehackte glatte Petersilie
1 kleine Handvoll grobgehackte Minze

- Den Backofen auf 200 °C vorheizen.
- Die Pitabrote auf ein Backblech geben und backen, bis sie trocken und knusprig sind, das dauert etwa 15 Min.. Aus dem Ofen nehmen und komplett auskühlen lassen, dann in mundgerechte Stücke zerbrechen, in eine Schüssel geben, mit 3 EL Olivenöl beträufeln und gut umrühren.
- Das restliche Olivenöl, Joghurt, Sumach, Zitronensaft, Knoblauch, Salz und Pfeffer in einer kleinen Schüssel kräftig verrühren.
- Tomaten, Gurken, Radieschen, rote Zwiebel, Frühlingszwiebeln, Petersilie und Minze in einer großen Schüssel vermengen, die Brotstücke dazugeben, das Dressing angießen und sanft vermengen. Mit Sumach oder Za'atar bestreuen und sofort servieren.

Tabbouleh • Petersiliensalat

Tabbouleh oder auch Taboulé, Tabuleh oder Taboule ist ein Salat, der in der gesamten Levante und darüber hinaus genossen wird. In der libanesischen Variante besteht er aus glatter Petersilie sowie Minze, Tomaten, Frühlingszwiebeln, Zitronensaft und ganz wenig Bulgur oder Couscous. In den anderen Ländern wird viel mehr Bulgur oder Couscous für den Salat verwandt.

Für 4 Portionen

2 Bund glatte Petersilie
10 g feiner heller Bulgur
1/2 Bund Minze
1 große Zwiebel o. 4 Schalotten o. 1 kleines Bund Frühlingszwiebeln, feingehackt
250 g Fleischtomaten
100 ml gutes libanesisches Olivenöl
Saft von 2 Zitronen
Salz und frisch gemahlener schwarzer Pfeffer

- Den Bulgur in eine Schüssel geben, mit warmem Wasser begießen und etwa 30 Min. quellen lassen.
- Petersilie und Minze waschen, trockenschwenken, zupfen und feinhacken.
- Den Stielansatz der Tomaten herausschneiden, und die Haut auf der Unterseite kreuzweise einritzen. Die Tomaten mit kochendem Wasser übergießen und nach etwa 10 Sek. aus dem heißen Wasser heben, mit kaltem Wasser abspülen und die Haut abziehen. Oder Sie schälen die Tomaten einfach mit einem Tomatenschäler.
- Tomaten in kleine Würfelchen schneiden.
- Bulgur abgießen und kräftig ausdrücken.
- Die Kräuter mit Tomaten- und Zwiebelwürfelchen in einer Schüssel vermengen, den Bulgur hinzufügen und das Ganze kaltstellen.
- Etwa 30 Min. vor dem Servieren Olivenöl und Zitronensaft verrühren, unter den Salat mischen, und die Schüssel wieder in den Kühlschrank stellen.
- Direkt vor dem Servieren kräftig mit Salz und Pfeffer abschmecken.

Römersalat mit Berberitzen

Diesen Salat habe ich bei einer libanesischen Freundin kennengelernt. Das Rezept wirkt vermutlich nicht besonders spektakulär, aber ich kann Ihnen versichern, dass er spektakulär gut schmeckt.

Für 6 Portionen

2 EL getrocknete Berberitzen
1 kleines Bund Minze
1 Bund Frühlingszwiebeln
1 kleine Salatgurke
1 kleiner Römersalat
5 EL gutes libanesisches Olivenöl
Salz und Pfeffer
1 große Prise gemahlener Kreuzkümmel

- Die getrockneten Berberitzen etwa 1 Std. in ein wenig lauwarmen Wasser einweichen.
- Minze waschen, Blätter abzupfen und in eine große Salatschüssel geben.
- Die Frühlingszwiebeln waschen und sowohl das Weiße als auch das Grüne in feine Ringe schneiden und in die Schüssel geben.
- Die Salatgurke schälen, enkernen, kleinwürfeln und in die Schüssel geben.
- Die Berberitzen etwas ausdrücken und gründlich mit den restlichen Zutaten vermengen.
- Die Salatblätter auseinanderlösen, waschen und trockenschleudern, in mundgerechte Stücke zupfen und unter die anderen Zutaten heben.
- Den Salat großzügig mit Salz und Pfeffer und Kreuzkümmel würzen und das Olivenöl untermischen. Noch einmal abschmecken und sofort servieren.

Schanklisch • Würzige Käsebällchen

Schanklish ist eine libanesische Käsespezialität. Jede Region hat ihre besonderen Rezepte, die meist aber nur leichte Unterschiede zueinander aufweisen. Traditionell wird der Käse aus Ziegen- oder Schafsmilch hergestellt. Aus der Milch wird Labneh gemacht, der dann als Grundstock für die Käsebällchen dient. Sie werden entweder frisch zubereitet oder in Öl eingelegt auf Vorrat zubereitet. Meine Familie isst sie am liebsten schon zum Frühstück.

Für 25 Bällchen

500 g Labneh aus griechischem Joghurt (S. 25)
oder
250 g Ziegenfrischkäse und **250 g** Feta
1/2 EL gemahlener Kreuzkümmel
1/4 EL Cayennepfeffer
3 TL feingehackte Minz- o. Thymianblättchen

3 TL Za'atar (S. 99)
4 TL gutes libanesisches Olivenöl

- **Wenn Sie Labneh verwenden** Kreuzkümmel und Cayennepfeffer untermischen, und daraus mit zwei Löffeln Kugeln in der Größe eines Tischtennisballs formen.
- **Wenn Sie die zwei Käsesorten verwenden**, diese mit dem Kreuzkümmel und Cayennepfeffer mit einer Gabel in einer Schüssel zerdrücken, sorgfältig mischen, und daraus mit zwei Löffeln Kugeln in der Größe eines Tischtennisballs formen. Die Bällchen sorgfältig in den gewählten Kräutern wälzen und kaltstellen, bis sie fest geworden sind, dabei mit einem Geschirrtuch abdecken, nicht mit Frischhaltefolie.
- Vor dem Servieren mit ein wenig Olivenöl beträufeln und zimmerwarm auftragen.
- Sie können die Bällchen auch in ein großes steriles Schraubglas geben, und das Glas bis zum Rand mit Olivenöl auffüllen. Mehrmals auf der Arbeitsfläche aufklopfen, damit sich evtl. Luftblasen lösen. Frischhaltefolie über das Glas spannen, und dann den Deckel fest zu schrauben. Das Glas mehrere Mal umdrehen, damit sich alle Zutaten gleichmäßig verteilen. Es hält sich mind. eine Woche im Kühlschrank.

Warme Mezze

Wenn Sie zu einem libanesischen Mezze-Abend einladen, sollten Sie vorweg einen Aperitif anbieten, dann 12–15 verschiedene Mezze, der größere Teil sollte aus kalten Mezze bestehen. Die Mezze können alle gleichzeitig auf den Tisch gestellt werden. Danach sollte es einen großen Obstteller sowie mindestens ein Dessert geben. Ich empfehle die folgenden Speisen, die ich mit speziellem Augenmerk auf eine einfache und schnelle Zubereitung zusammengestellt habe:

- Arak mit Wasser und Eis als Aperitif S. 143 im Getränke-Kapitel dazu mindestens eine Nussmischung S. 54-55
- reichlich Khubz bzw. Pitabrote S. 24
- Joghurt mit Roter Bete S. 58
- Khiar bi laban • Joghurt mit Gurken S. 62
- Hummus S. 62
- Baba ghanoush • Auberginendip S. 64
- Hindbeh bi zeit• Löwenzahnsalat S. 68
- Fattousch • Brotsalat mit Tomaten, Gurken und Radieschen S. 70
- Tabbouleh • Petersiliensalat S. 71
- Schanklisch • Würzige Käsebällchen S. 73
- Falafel S. 86
- Toum • Eleganter Knoblauchdip S. 89
- Tarator bi tahina • Sesamsauce S. 91
- Balilah • Warmer Kichererbsensalat mit Pinienkernen S. 92
- Fatayer sbenik • Spinattaschen S. 94
- Gebackene Karotten mit Dukkah und grüner Sauce S. 96
- Sfuf • Libanesischer Grießkuchen mit Kurkuma S. 134
- Limonade S. 146, Wein und Bier zu den Mezze, Tee, Mokka o. weißer Kaffee zum Dessert S. 144–145

Kibbeh bi laban • Klassische Kibbeh mit roter Joghurtsauce

Kibbeh, die leckeren gefüllten ovalen Bulgurkroketten gelten als die Nationalspeise des Libanon. Es gibt die unterschiedlichsten Varianten mit denen ich allein ein ganzes Buch füllen könnte. Eines haben alle jedoch gemein, nämlich den Bulgurteig, ob mit oder ohne Lamm. Wenn meine Mutter Kibbeh zubereitet hat, musste die ganze Familie mithelfen, was wir alle gerne gemacht haben. Und so haben wir alle gelernt, die Kibbeh in Nullkommanix zu formen, zu füllen und zu verschließen. Sie werden traditionell mit einer Joghurtsauce serviert.

Ergibt etwa 20 Kibbeh

Für den Teig

500 g sehr mageres Rinderhack (Tartar)
500 g feiner Bulgur
2 EL gemahlener Kreuzkümmel
1 EL Baharat (S. 99)
1 EL Salz
1 TL Zimtpulver
1 EL scharfes Paprikapulver

Für die Füllung

2 mittelgroße Zwiebeln, feingehackt
1 Prise Zimtpulver
2 EL gutes libanesisches Olivenöl
3 EL Pinienkerne
3 EL Walnüsse
1 EL Cashewkerne
600 g mageres Lammhack (am besten mehrmals durch den Fleischwolf gedreht)
Salz und Pfeffer

neutrales Öl zum Frittieren

Für die Sauce

200 g griechischer Joghurt (10%)
1 El feingehackte frische Minze o. 1 TL getrocknete Minze
200 g gekochte Rote Bete, abgetropft und gewürfelt
Salz und Pfeffer

- **Für den Teig** den Bulgur 20 Min. in reichlich Wasser einweichen, dann abtropfen lassen. Das Rinderhack mit dem Bulgur in einem Standmixer pürieren, bis eine butterweiche Paste entstanden ist. Mit den Gewürzen vermengen, mit Frischhaltefolie abdecken und in den Kühlschrank geben.
- Pinienkerne in einer Pfanne ohne Fett rösten, bis sie duften und goldbraun sind, das geht schnell, dabei stetig rühren. Die Kerne sofort auf einen Teller kippen und abkühlen lassen.
- Die Walnüsse und Cashewkerne feinhacken.
- **Für die Füllung** das Öl bei mittlerer Hitze in einer Pfanne heiß werden lassen, die Zwiebel hineingeben und in etwa 10 Min. glasig braten, die Walnüsse, Pinien- und Cashewkerne sowie die Gewürze hinzufügen und alles gründlich miteinander vermengen.
- Das Lammhack in eine Schüssel geben, die heiße Zwiebelmasse daraufkippen und mit einer Gabel sorgfältig vermengen, mit Salz und Pfeffer abschmecken. Beiseitestellen.
- Füllen Sie eine kleine Schüssel mit Wasser, Eiswürfeln und ein paar Tropfen Öl, damit Ihre Kibbeh schön glatt werden. Befeuchten Sie Ihre Hände darin und rollen etwa 2 EL des Kibbeh-Teigs zu einer pflaumengroßen Kugel. Drücken Sie mit dem Zeigefinger vorsichtig eine Vertiefung hinein und geben etwas von der Füllung hinein, sorgfältig wieder verschließen, und die Kibbeh in die traditionelle ovale Form bringen.
- Am besten geben Sie die Kibbeh jetzt auf einen mit Backpapier ausgelegten Teller und stellen sie noch für 1 Std. in den Kühlschrank. Je kälter sie sind, desto besser lassen sie sich frittieren. Es geht aber auch ohne diesen Schritt.
- Das Öl in einem hohen Topf heiß werden lassen. Prüfen, ob das Öl heiß genug ist, indem Sie ein Holzstäbchen hineinhalten, bilden sich kleine Bläschen am Holz können Sie mit dem Frittieren loslegen.
- Jeweils 4–5 Kibbeh gleichzeitig etwa 5 Min. frittieren, bis sie schön braun und durchgegart sind.
- Auf Küchenpapier abtropfen lassen und sofort mit der Sauce servieren. Dazu alle Zutaten für die Sauce in einem Standmixer pürieren, mit Salz und Pfeffer abschmecken und in einem Schüsselchen zu den Kibbeh reichen.

Kibbeh laktin •
Kürbis-Kibbeh mit Joghurtsauce

Ergibt etwa 16 Kibbeh

Für den Teig

250 g Hokkaidokürbis
50 ml Gemüsebrühe
100 g feiner Bulgur
50 g Mehl o. mehr

Für die Füllung

1 mittelgroße Zwiebel, feingehackt
150 g Lammhack
4 Walnüsse, feingehackt
2 EL gutes libanesisches Olivenöl
Salz und Pfeffer
1 EL Baharat (S. 99)
1 TL Cayennepfeffer

neutrales Öl zum Frittieren

Für die Sauce

30–50 g gegarter Hokkaidokürbis
200 g griechischer Joghurt (10%)
1/2 TL getrocknete o. 1 TL frische Minze
Salz und Pfeffer

- Den Kürbis waschen, putzen und würfeln (Hokkaido wird mit Schale verarbeitet) und knapp 300 g abwiegen. Den restlichen Kürbis anderweitig verarbeiten.
- Die Gemüsebrühe in einen Topf geben und bei mittlerer Hitze heiß werden lassen, die 300 g Kürbiswürfel hineingeben und köcheln lassen, bis sie weich sind. Die Kürbisstücke abgießen, das Kürbiswasser dabei auffangen. Die 30–50 g Kürbis für die Sauce beiseitestellen.
- Den Kürbis mit einer Gabel oder einem Kartoffelstampfer zerdrücken, mit der Hälfte des Kürbiswassers sowie dem ungewaschenen Bulgur vermengen und etwa 20 Min. ausquellen lassen. Dann die 50 g Mehl unterkneten, ist die Masse zu feucht noch einmal ausdrücken und weiteres Mehl (max. insgesamt 100 g) unterkneten. Mit Salz und Pfeffer abschmecken. Mit Frischhaltefolie abdecken und kaltstellen.
- **Für die Füllung** das Öl bei mittlerer Hitze in einer Pfanne heiß werden lassen, die Zwiebelstückchen hineingeben und in etwa 10 Min. glasig braten, die Walnüsse sowie die Gewürze hinzufügen und alles gründlich miteinander vermengen.
- Das Lammhack in eine Schüssel geben, die heiße Zwiebelmasse daraufkippen, mit einer Gabel sorgfältig vermengen und mit Salz und Pfeffer abschmecken. Beiseitestellen.
- Füllen Sie eine kleine Schüssel mit Wasser, Eiswürfeln und ein paar Tropfen Öl, damit Ihre Kibbeh schön glatt werden. Befeuchten Sie Ihre Hände darin und rollen etwa 2 EL des Kibbeh-Teigs zu einer pflaumengroßen Kugel. Drücken Sie mit dem Zeigefinger vorsichtig eine Vertiefung hinein und geben etwas von der Füllung hinein, sorgfältig wieder verschließen, und die Kibbeh in die traditionelle ovale Form bringen.
- Am besten geben Sie die Kibbeh jetzt auf einen mit Backpapier ausgelegten Teller und stellen sie noch für 1 Std. in den Kühlschrank. Je kälter sie sind, desto besser lassen sie sich frittieren. Es geht aber auch ohne diesen Schritt.
- Das Öl in einem hohen Topf heiß werden lassen. Prüfen, ob das Öl heiß genug ist, indem Sie ein Holzstäbchen hineinhalten, bilden sich kleine Bläschen am Holz können Sie mit dem Frittieren loslegen.
- Jeweils 4–5 Kibbeh gleichzeitig etwa 5 Min. frittieren, bis sie schön braun und durchgegart sind.
- Auf Küchenpapier abtropfen lassen und sofort mit der Sauce servieren. Dazu alle Zutaten für die Sauce in einem Standmixer pürieren, mit Salz und Pfeffer abschmecken und in einem Schüsselchen zu den Kibbeh reichen.

Kibbeh batata · Kartoffel-Kibbeh mit Koriandergrün

Diese Kartoffel-Kibbeh sind kein Traditionsrezept, sondern eine moderne vegetarische Variante der traditionellen Fleisch-Kibbeh. Sie schmecken köstlich, wir essen sie wirklich oft. Dazu gibt es dann entweder den eleganten Knoblauchdip von S. 89 oder die grüne Sauce von S. 96, die mögen unsere deutschen Freunde besonders gern. Die Kinder essen am allerliebsten den Joghurt mit Gurken von S. 62 dazu.

Ergibt etwa 16 Kibbeh

500 g Kartoffeln (etwa 6 mittelgroße Kartoffeln)
2 mittelgroße Zwiebeln
1 Bund Koriandergrün
200 g feiner Bulgur
Salz und Pfeffer
neutrales Öl zum Frittieren

- Die geschälten Kartoffeln in etwa 15 Min. in Salzwasser weichkochen und in einem Sieb abtropfen lassen.
- Die geschälte Zwiebeln halbieren und in dünne halbe Ringe schneiden.
- Das Koriandergrün waschen, die Stiele trimmen, grob durchschneiden und mit den Zwiebelringen sowie dem Bulgur im Standmixer glattpürieren. Diese grüne feste Paste mit Salz und Pfeffer abschmecken. Etwa 15 Min. ruhen lassen, damit der Bulgur ausquellen kann.
- Anschließend die Kartoffeln durch eine Kartoffelpresse geben und mit einer Gabel sorgfältig mit der grünen Paste vermengen.
- Füllen Sie eine kleine Schüssel mit Wasser, Eiswürfeln und ein paar Tropfen Öl, damit Ihre Kibbeh schön glatt werden. Befeuchten Sie Ihre Hände darin, und formen Sie die Masse zu etwa pflaumengroßen Bällchen, die Sie etwas platt drücken.
- Das Öl in einem hohen Topf heiß werden lassen. Prüfen, ob das Öl heiß genug ist, indem Sie ein Holzstäbchen hineinhalten, bilden sich kleine Bläschen am Holz können Sie mit dem Frittieren loslegen.
- Jeweils 4–5 Kibbeh gleichzeitig etwa 5 Min. frittieren, bis sie schön braun und durchgegart sind, und mit einer der oben vorgeschlagenen Saucen servieren.

Falafel

Vermutlich stimmt es, dass Falafel die populärste orientalische Speise schlechthin ist. Libanesen und Syrer behaupten sie stamme aus der Levante, Ägypter meinen, dass sie schon die Pharaonen aßen und in Israel gilt sie als Nationalspeise. Jede Region hat ihre eigene Zubereitungsweise. In vielen Regionen werden die Bällchen nur mit Kichererbsen zubereitet, doch in meiner Familie im Libanon werden sie mit Kichererbsen und Ackerbohnen zubereitet.

Ergibt etwa 20 Falafel

200 g getr. Kichererbsen
200 g getr. Ackerbohnen
1/2 Bund glatte Petersilie
1/2 Bund Koriandergrün
2–3 Knoblauchzehen
1 mittelgroße Zwiebel
1 gehäufter EL gemahlener Kreuzkümmel
1 EL Korianderpulver
1 TL frisch gemahlener schwarzer Pfeffer
1/2 EL Zimtpulver
1/2 TL Chilipulver
2 TL Salz
neutrales Öl zum Frittieren

- Die getrockneten Kichererbsen und Ackerbohnen über Nacht separat in Wasser einweichen. Allerfrühestens 12 Std. später gründlich abspülen, abtropfen lassen und beiseitestellen.
- Koriandergrün und Petersilie waschen, putzen und etwas kleinschneiden. Zwiebeln und Knoblauch schälen und grobhacken.
- Die Kichererbsen sowie die Hälfte der Kräuter und der Zwiebeln sowie der Gewürze in einen Standmixer geben und pürierieren, bis eine relativ homogene Masse entsteht. Ebenso mit den Ackerbohnen und der anderen Kräuter- und Zwiebelhälfte verfahren.
- Kichererbsen und Bohnenmasse in einer großen Schüssel mit den Händen gründlich vermengen. Etwas flachdrücken und 1 Std. im Kühlschrank durchziehen lassen.
- Nun mit feuchten Händen oder einem Falafelportionierer je 2 EL der Masse abstechen und zu Kugeln formen.
- Das Öl in einem hohen Topf heiß werden lassen. Prüfen, ob das Öl heiß genug ist, indem Sie ein Holzstäbchen hineinhalten, bilden sich kleine Bläschen am Holz können Sie mit dem Frittieren loslegen. Jeweils 4–5 Falafel gleichzeitig etwa 5 Min. frittieren, bis sie schön braun und durchgegart sind.
- Auf Küchenpapier abtropfen lassen und mit einer der Sesamsaucen von S. 91 sowie Khubz (S. 24) bzw. dünnem Pitabrot servieren. Dazu passt auch gut der Gemüseteller von S. 26.

Tarator bi zada • Traditionelle Knoblauchsauce

Diese Knoblauchsauce, die zu Geflügel- und Lammgerichten gereicht wird, dient vor allem auch als Würze für viele andere Speisen wie Suppen sowie Gemüse- und Kartoffelgerichte. Sie können sie auch einfach mit cremigem Joghurt verrühren und als Dip reichen. Sie hält sich im Kühlschrank verschlossen mind. 4 Wochen.

Ergibt etwa 250 ml

etwa 30 Knoblauchzehen (2 Knollen)
150 ml gutes libanesisches Olivenöl
Saft von 1 großen Zitrone
Salz

- Die Knoblauchzehen schälen, in einen Standmixer geben und pürieren. Nun bei laufendem Gerät das Öl in einem dünnen Strahl angießen, bis die glatte Konsistenz von Mayonnaise erreicht ist. Zum Schluss den Zitronensaft unterrühren und mit Salz abschmecken.

Batata harra • Gebackene Kartoffeln libanesische Art

Diese einmalige Kombination aus knusprigen Kartoffeln, Knoblauch, Koriandergrün und Chili ist ein klassisches libanesisches Mezzegericht. Natürlich können die Kartoffeln für dieses Gericht auch frittiert werden. Aber ich mag die Backofenmethode lieber.

Für 2 Portionen

500 g Kartoffeln
1 TL Piment
1/2 TL Salz
3 EL gutes libanesisches Olivenöl
2 Knoblauchzehen
1 Handvoll gehacktes Koriandergrün
1/4 TL Chiliflocken (optional)

- Den Backofen auf 220 °C vorheizen.
- Die Kartoffeln waschen, in mundgerechte Stücke schneiden und mit dem Olivenöl, Piment und Salz vermischen, auf ein Backblech verteilen und etwa 30 Min. im Ofen backen, bis sie goldbraun und wunderbar knusprig sind.
- Kurz bevor die Kartoffelstücke fertig gebacken sind, Knoblauchzehen feinschneiden und mit dem Koriandergrün und Chili in einer großen Pfanne anbraten, bis die Mischung herrlich duftet.
- Die Kartoffeln direkt aus dem Backofen in die Pfanne geben und schwenken. Auf einer Servierplatte angerichten und heiß servieren.
- Dazu passen natürlich Hummus (S. 62) und Baba ghanoush (S. 64) und ganz besonders gut der Knoblauchdip Toom (S. gegenüber).

Toum • Eleganter Knoblauchdip

Dieser elegante Dip, der wieder den französischen Einfluss zeigt, ähnelt von der Konistenz her einer Mayonnaise. Er passt sehr gut zu Schawarma (S. 115), zu Kafta (S. 117), zu Kibbeh (S. 80–84) oder einfach zu Khubz (S. 24) bzw. dünnem Pitabrot. Ich esse ihn am allerliebsten zu den knusprigen Kartoffeln, den Batata harra (S. gegenüber). Je nachdem wie frisch oder alt die Knoblauchzehen sind, brauchen sie mehr, wenn sie frisch sind, und weniger, wenn es getrocknete Knoblauchzehen sind.

etwa 10–15 Knoblauchzehen
1 Eiweiß von einem großen Ei
1 TL Salz
Saft von 1/2 Zitrone
60 g sehr kaltes Wasser
etwa 250 ml Sonnenblumenöl o. mehr

- Die Knoblauchzehen schälen, halbieren und mit einem spitzen Messer den Keim entfernen.
- Die Zehen zusammen mit dem Eiweiß in einen Standmixer geben und erst in kurzen Stößen pulsieren lassen, dann pürieren, bis sich eine Paste bildet.
- Die Hälfte des Öls hineingeben und erneut mixen. Die Hälfte des Zitronensaftes und das Salz hinzufügen. Nun bei laufendem Mixer das restliche Öl in einem dünnen Strahl einfließen lassen, bis eine mayonnaiseartige Konsistenz erreicht ist. Zum Schluss mit Zitronensaft und Salz abschmecken. Toum hält sich mehrere Tage im Kühlschrank.

Makali • Frittiertes Gemüse

Makali ist der Oberbegriff für frittiertes oder geröstetes Gemüse. Dieses Rezept gibt die klassische Zusammenstellung wieder. Das Gemüse wird einfach mit Salz und Zitronenschnitzen serviert, dazu gibt es Khubz (S. 24) bzw. dünnes Pitabrot und zum Blumenkohl wird gern noch eine Sesamsauce und ein leichter Blattsalat gereicht.

Für 6–8 Portionen

1 mittelgroße Aubergine
1 mittelgroßer Blumenkohl
3 Kartoffeln
1 mittelgroße Zucchine
neutrales Öl zum Frittieren
grobes Meersalz
Zitronenschnitze
1 Portion Sesamsauce (S. gegenüber)

- Das Gemüse waschen und putzen, die Kartoffeln schälen.
- Die Aubergine und Zucchine in etwa 5 mm dicke Scheiben schneiden. Den Blumenkohl in mundgerechte Röschen zerschneiden. Die Kartoffeln auch in Scheiben oder zu Pommes frites schneiden.
- Das Öl in einem hohen Topf heiß werden lassen. Prüfen, ob das Öl heiß genug ist, indem Sie ein Holzstäbchen hineinhalten, bilden sich kleine Bläschen am Holz können Sie mit dem Frittieren loslegen.
- Im heißen Öl zunächst die Aubergine frittieren, dann den Blumenkohl goldbraun frittieren, anschließend die Kartoffeln und schließlich die Zucchine. Auf Küchenpapier abtropfen lassen.
- Mit Brot, Salat, Sesamsauce, Salz und Zitronenschnitzen servieren.

Tarator bi tahina I. • Sesamsauce I.

Diese puristische Sesamsauce wird zu Falafel, Gemüse, Fisch und Fleisch serviert. Wer möchte kann auch noch feingehackte Tomatenwürfelchen in die Sauce geben. Sie hält sich etwa 2 Wochen im Kühlschrank in einem verschlossenen Behälter.

3 EL Sesampaste (Tahini)
4 EL Zitronensaft
6 EL Wasser
Salz und Pfeffer
ein paar grobgehackte Petersilienblättchen

- Den Zitronensaft mit einer Gabel unter die Sesampaste schlagen, dann langsam das Wasser unterrühren. Mit Salz und Pfeffer abschmecken.
- Die Petersilie dazugeben und schon ist die Sauce fertig.

Tarator bi tahina II. • Sesamsauce II.

Dies ist die vielleicht beliebteste Sauce im Libanon, die warm oder kalt zu Fisch und Gemüse serviert wird. Sie hat ein wunderbar samtenes nussiges Aroma. Sie hält sich etwa 2 Wochen im Kühlschrank in einem verschlossenen Behälter.

2 Knoblauchzehen
1 TL Salz
1 EL Cayennepfeffer o. scharfes Paprikapulver
250 ml Sesampaste (Tahini)
150 ml Zitronensaft

- Die geschälten Knoblauchzehen mit Salz und Cayennepfeffer zu einer Paste mörsern.
- Die Sesampaste mit einer Gabel unterschlagen, dabei ständig Zitronensaft dazugeben, bis die Sauce eine schöne cremige Konsistenz hat.

Balilah • Warmer Kichererbsensalat mit Pinienkernen

Für Balilah brauchen Sie nur wenige Zutaten sowie allerbestes Olivenöl. Die Zitrone wird hierbei komplett verwendet – und bringt somit gleich eine ganze Palette von Zitrusaromen in den Salat sowie eine angenehme Bitternote.

Für 4–6 Portionen

2 Dosen gekochte Kichererbsen (à 400 g)
4 EL feingehackte glatte Petersilie
60 g Pinienkerne
2 Zitronen
4 Frühlingszwiebeln
2 Knoblauchzehen
4 TL gemahlener Kreuzkümmel
150 ml gutes libanesisches Olivenöl
Salz und Pfeffer

- Die Kichererbsen mit Wasser (oder der Flüssigkeit aus der Dose) in einen Topf geben und etwa 10 Min. bei mittlerer Hitze heiß werden lassen.
- Währenddessen die Frühlingszwiebeln putzen und in Ringe schneiden.
- Die geschälte Knoblauchzehe mit Salz zu einer Paste mörsern.
- Zitrone heiß abwaschen, den Saft auspressen und aus einer der Zitronenhälften mit einem Grapefruitlöffel die weiße Haut entfernen und diese Hälfte feinhacken.
- Pinienkerne in einer Pfanne ohne Fett rösten, bis sie duften und goldbraun sind, das geht schnell, dabei stetig rühren. Die Kerne sofort auf einen Teller kippen und abkühlen lassen.
- Knoblauchpaste in eine große Servierschale geben. Ein Viertel der Kichererbsen hinzufügen und mit einer Gabel zerdrücken.
- Die restlichen heißen Kichererbsen mit allen übrigen Zutaten dazugeben und sorgfältig vermengen. Mit Kreuzkümmel, Salz und Pfeffer abschmecken.
- Balilah warm mit Khubz (S. 24) bzw. dünnem Pitabrot servieren.

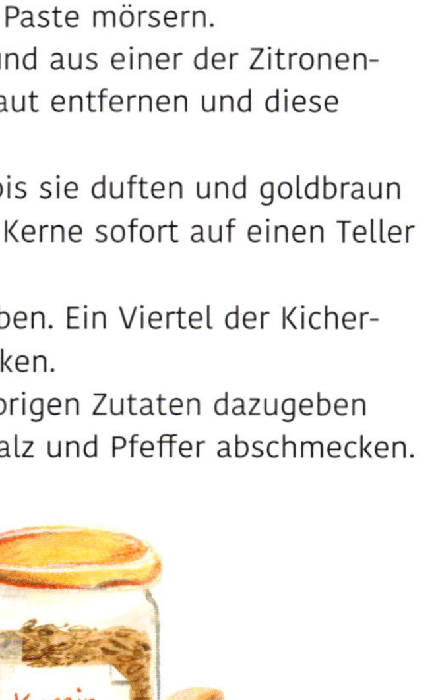

Loubieh bi zeit • Grüne Bohnen mit Tomaten und Zwiebeln

Grüne Bohnen werden im Libanon besonders gern gegessen. Dieses Gericht wird meistens zimmerwarm verspeist, es schmeckt aber auch heiß und sogar ganz durchgekühlt aus dem Kühlschrank. Ich bereite es inzwischen immer mit Flaschentomaten aus der Dose zu, denn oft gibt es hier in Deutschland keine wirklich sonnenverwöhnten reifen Tomaten.

Für 6 Portionen

500 g grüne Bohnen
6 EL gutes libanesisches Olivenöl
1 mittelgroße Zwiebel, feingehackt
3 kleine Knoblauchzehen
200 g Flaschentomaten aus der Dose
einige Chiliflocken nach Geschmack
Salz und frisch gemahlener schwarzer Pfeffer
Cayennepfeffer

- Die Bohnen waschen, putzen und in etwa 5 cm lange Stücke schneiden.
- Wasser in einem Topf einmal aufkochen lassen, die Bohnen hineingeben und in etwa 7 Min. bissfest köcheln lassen. In ein Sieb geben und gut abtropfen lassen.
- Tomaten abtropfen lassen und in kleine Stücke hacken.
- Die geschälten Knoblauchzehen mit wenig Salz zu einer Paste mörsern.
- Das Olivenöl in einer Pfanne bei mittlerer Hitze heiß werden lassen, und die Zwiebelstückchen darin glasig anbraten, sie sollen aber keine Farbe nehmen, das dauert etwa 5 Min. Nach etwa 3 Min. die Knoblauchpaste hineinrühren. Nun die Tomatenstücke, Chiliflocken und die Bohnen hineinrühren und das Ganze richtig heiß werden lassen.
- Mit Salz und Pfeffer und Cayennepfeffer abschmecken, in eine Schüssel geben und abkühlen. Mit Khubz (S. 24) bzw. dünnem Pitabrot sowie Labneh (S. 25) oder Joghurt servieren.

Fatayer sbenik • Spinattaschen

Der Teig für diese sehr beliebten Teigtaschen ist derselbe wie für Manakish, die „Frühstückspizza" von S. 31. Die Fata'ir können heiß, warm oder kalt gegessen werden. Ich mag sie warm am liebsten.

Ergibt etwa 25 Stück

Für den Teig

- **1 TL** Trockenhefe
- **1 TL** Zucker
- **1/2 TL** Salz
- **250 g** Mehl (am besten Type 550)
- **2 EL** gutes libanesisches Olivenöl
- **150 ml** lauwarmes Wasser

Für die Füllung

- **1 kg** frischer Blattspinat
- **4** mittelgroße Zwiebeln
- **3 EL** Sumach
- **1 TL** Salz
- **3 EL** Zitronensaft
- Salz und Pfeffer

- **Für den Teig** die trockenen Zutaten verrühren, dann das Olivenöl hineinträufeln, das warme Wasser angießen und mit einem Holzlöffel rühren, bis das Mehl gebunden ist. Den Teig dann auf eine bemehlte Arbeitsfläche geben und etwa 10 Min. gut durchkneten, dabei immer wieder falten. Ist der Teig schön geschmeidig geworden, zu einer Kugel formen und in einer leicht geölten Schüssel abgedeckt 1 1/2 Std. bei Raumtemperatur gehen lassen, bis sich der Teig verdoppelt hat.
- **Für die Füllung** den Spinat waschen, putzen und kleinhacken, die Zwiebeln schälen und sehr feinhacken. Beides in eine Schüssel geben, mit Sumach, Salz und Zitronensaft verkneten und in einem Sieb entwässern lassen.
- Den Backofen auf 250 °C vorheizen. Ein Backblech mit Backpapier auslegen.
- Mit bemehlten Händen den Teig aus der Schüssel auf eine bemehlte Arbeitsfläche geben und 3–4 mm dick ausrollen. Mit einem Glas etwa 8 cm große Kreise ausstechen. Jeweils 1 EL der Füllung in die Mitte eines Teigkreises geben. Nun den Rand von drei Seiten zur Mitte hin hochziehen, die Ränder fest zusammendrücken, sodass dreieckige Teigtaschen entstehen. Diese auf das Backblech setzen und etwa 8 Min. backen, bis sie schön gebräunt, aber nicht zu dunkel sind.

Fatayer bi lahm • Hackfleischtaschen

Ergibt etwa 25 Stück

Für den Teig

1 TL Trockenhefe
1 TL Zucker
1/2 TL Salz
250 g Mehl (am besten Type 550)
2 EL gutes libanesisches Olivenöl
150 ml lauwarmes Wasser

Für die Füllung

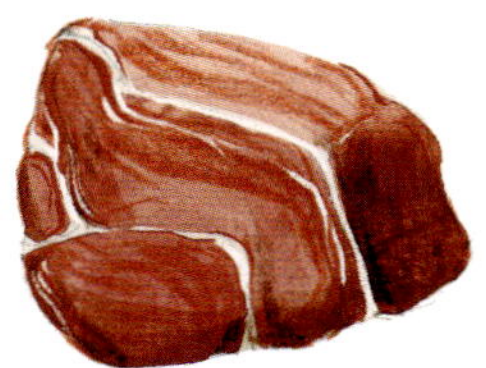

1 El Samna o. Ghee o. geklärte Butter (S. 18)
1 kleine Zwiebel, sehr feingehackt
500 g Lammhackfleisch
3 El Pinienkerne
1 EL Baharat (S. 99)
1 EL Piment
Salz
frisch gemahlener schwarzer Pfeffer

- **Für den Teig** die trockenen Zutaten verrühren, dann das Olivenöl hineinträufeln, das warme Wasser angießen und mit einem Holzlöffel rühren, bis das Mehl gebunden ist. Den Teig dann auf eine bemehlte Arbeitsfläche geben und etwa 10 Min. gut durchkneten, dabei immer wieder falten. Ist der Teig schön geschmeidig geworden, zu einer Kugel formen und in einer leicht geölten Schüssel abgedeckt 1 1/2 Std. bei Raumtemperatur gehen lassen, bis sich der Teig verdoppelt hat.
- **Für die Füllung** die geklärte Butter in einer Pfanne bei mittlerer Hitze heiß werden lassen, und die Zwiebelstückchen in 4 Min. glasig braten, das Lammhack hinzufügen und während des Anbratens mit einem Kochlöffel zerbröseln. Wenn der Fleischsaft verdampft ist, Pinienkerne und Gewürze unterrühren und weitere 3 Min. braten. Mit Salz abschmecken und abkühlen lassen.
- Den Backofen auf 250 °C vorheizen. Ein Backblech mit Backpapier auslegen.
- Mit bemehlten Händen den Teig aus der Schüssel auf eine bemehlte Arbeitsfläche geben und 3–4 mm dick ausrollen. Mit einem Glas etwa 8 cm große Kreise ausstechen. Jeweils 1 EL der Füllung in die Mitte eines Teigkreises geben. Nun den Rand von drei Seiten zur Mitte hin hochziehen, die Ränder fest zusammendrücken, sodass dreieckige Teigtaschen entstehen. Diese auf das Backblech setzen und etwa 8 Min. backen, bis sie schön gebräunt, aber nicht zu dunkel sind.

Gebackene Karotten mit Dukkah und grüner Sauce

Dies ist kein libanesisches Traditionsrezept, sondern ein ganz modernes. Die nordafrikanische Gewürzmischung Dukkah erfreut sich nämlich in letzter Zeit in Beirut großer Beliebtheit. Eines kann ich jedenfalls garantieren: Es schmeckt himmlisch gut, egal ob die Karotten heiß oder kalt serviert werden!

1 Bund Karotten
2 EL gutes libanesisches Olivenöl
1 EL Honig
2 EL Dukkah
1 TL grobes Meersalz

Für die grüne Sauce
1 Bund glatte Petersilie
1 Bund Koriandergrün
1 Zitrone
3 EL Sesampaste (Tahini)
2 EL Pflanzenöl
1 TL Fenchelsamen
2 TL Dukkah
1/2 TL Salz
schwarzer Pfeffer
50 g Pistazien, feingehackt

- Den Backofen auf 220 °C vorheizen.
- Die Karotten waschen und putzen.
- Ein Backblech mit Backpapier auslegen, die Karotten daraufgeben, mit Öl und Honig beträufeln sowie mit Dukkah und Salz bestreuen, und 15 Min. im heißen Backofen backen.
- **Für die grüne Sauce** alle Zutaten in einen Standmixer geben und feinpürieren. Evtl. noch 1–2 EL Wasser dazugeben, falls die Sauce zu fest erscheint, und zum Schluss mit Salz abschmecken.
- Die heißen oder abgekühlten Karotten auf einem Servierteller anrichten, mit der Hälfte der grünen Sauce begießen und mit den Pistazien bestreuen. Zusammen mit der restlichen Sauce servieren und Khubz (S. 24) bzw. dünnes Pitabrot dazu reichen.

Dukkah-Gewürzmischung

Dukkah können Sie einfach mit ein wenig gutem libanesischem Olivenöl und Khubz (S. 24) bzw. dünnem Pitabrot genießen, dazu einfach das Brot in Olivenöl tunken, mit Dukkah bestreuen und fertig ist der Hochgenuss. Diese Gewürzmischung, die es auch fertig zu kaufen gibt, passt auch gut zu weißem Fisch, grünem Salat und Gemüse.

2 EL Haselnüsse
1 EL Cashewkerne
1 EL Pinienkerne
2 EL Sesamsamen
2 TL Fenchelsamen
2 TL Kreuzkümmelsamen
1 EL Koriandersamen
1/2 TL Anissamen
1/2 TL Chiliflocken
1 TL edelsüßes Paprikapulver
1/2 TL getrockneter Thymian o. Oregano
1 TL Fleur de sel

- Die Haselnüsse, Cashew- und Pinienkerne in einem Blitzhacker oder mit einem Wiegemesser nicht zu fein zerkleinern. Mit den Sesamsamen in einer Pfanne ohne Fett bei mittlerer Hitze goldbraun rösten, dabei stetig rühren. Aus der Pfanne kippen und beiseitestellen.
- Die Sesam-, Fenchel-, Kreuzkümmel-, Koriander- und Anissamen in einer Pfanne ohne Fett bei mittlerer Hitze etwa 3 Min. rösten, dabei stetig rühren. Etwas abkühlen lassen und in einem Mörser fein zerstoßen.
- Zum Schluss alle Zutaten sorgfältig miteinander vermengen.
- Hält sich etwa 4 Wochen in einem Schraubglas.

Arayes kafta • Mit Lamm gefüllte Brote

Diese mit Lammhack gefüllten Brottaschen sind schnell gemacht und ein echter Genuss. Meine Kinder essen sie besonders gern.

Für 6 Portionen

600 g	feines Lammhack
1 TL	Salz
1 EL	Baharat (S. gegenüber)
1 EL	Knoblauchsauce von S. 87
	schwarzer Pfeffer
6 Stengel	glatte Petersilie, sehr feingehackt
1	kleine Zwiebel, sehr feingehackt
6	Khubz (S. 24) bzw. dünne Pitabrote

- Den Backofen auf 160 °C vorheizen und ein Backblech mit Backpapier auslegen.
- Das Lammhack mit den Gewürzen sowie der Knoblauchsauce, Petersilie und Zwiebelwürfelchen mit den Händen sehr gründlich vermengen, bis eine homogene Masse entstanden ist.
- Die Brote quer aufschneiden, jeweils eine Innenseite mit der Lammhackmischung bestreichen. Die gefüllten Brote auf das Backblech legen.
- Im heißen Backofen etwa 8 Min. backen und sofort servieren.

Baharat-Gewürzmischung

Es gibt viele Varianten dieser Gewürzmischung; dieses Rezept stammt von meiner Großmutter. Es ist natürlich am besten, die Gewürze selbst zu mahlen, um zusätzlichen Geschmack zu erzielen, aber gutes Gewürzpulver tut es auch.

5 EL mildes Paprikapulver
4 EL feingemahlener schwarzer Pfeffer
3 EL Kreuzkümmelpulver
2 EL Korianderpulver
2 EL Zimtpulver
2 EL Nelkenpulver
1 EL Kardamompulver
1 EL Sternanispulver
1 TL gemahlener Muskat

- Alle Zutaten sorgfältig vermischen, hält sich in einen luftdichten Behälter bis zu 6 Monate.

Za'atar-Gewürzmischung

Hier eine klassisch-puristische Za'atar-Gewürzmischung, wir geben allerdings immer auch die optionalen Zutaten dazu.

5 EL mildes Paprikapulver
4 EL Sesamsamen
je 4 EL Sumach, getrockneter wilder Thymian, Oregano, Majoran
1 TL gemahlener Kreuzkümmel
1 TL Meer- o. Steinsalz

optionale Zutaten

je 1 EL Koriandersamen und Sonnenblumenkerne
je 1 TL Fenchelsamen und Anispulver
einige Nüsse nach Wahl

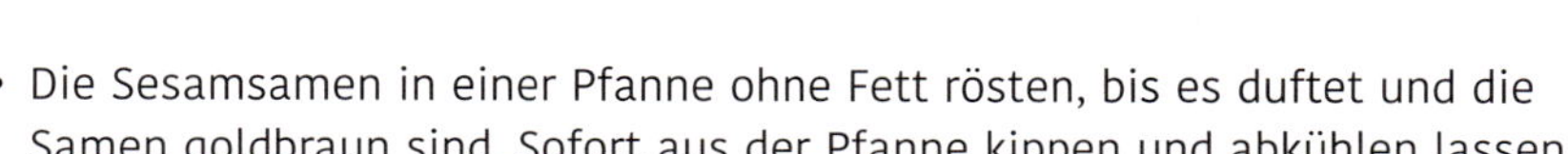

- Die Sesamsamen in einer Pfanne ohne Fett rösten, bis es duftet und die Samen goldbraun sind. Sofort aus der Pfanne kippen und abkühlen lassen.
- Alle Zutaten vermischen, und im Mörser oder Standmixer feinmahlen. Hält sich in einen luftdichten Behälter bis zu 6 Monate.

Hauptgerichte

Wie Sie der Rezeptliste für die Hauptspeisen entnehmen können, ist auch hier ein Großteil der traditionellen Rezepte vegetarisch. Die Levante ist einfach eine sehr fruchtbare Gegend in der es ein opulentes Angebot an sonnengereiftem Gemüse gibt. Und eben deshalb gibt es auch eine so große Auswahl an vegetarischen Rezepten. Fleisch wiederum ist recht teuer, und oft ist die Auswahl begrenzt. Im Allgemeinen wird Fleisch in Form von Huhn oder Lamm und sehr häufig gegrillt serviert.
Und so habe ich hier eine kleine Auswahl der typischsten Fleischgerichte aufgeschrieben, immer auch unter dem Aspekt, dass sie sich schnell und unkompliziert zubereiten lassen, dasselbe gilt natürlich für die Fischrezepte. Aber auch bei den Hauptspeisen gilt, dass wenigstens drei oder vier Mezze vorweg verzehrt werden. Und hinterher mindestens ein sehr großer Obstteller auf den Tisch kommt.

Schorbit schaman • Zweifarbige kalte Melonensuppe

Diese Suppe ist ein Gedicht an heißen Sommertagen, sie kühlt, erfrischt und sättigt gleichzeitig. Und obendrein ist sie ein echter Augenschmaus.

Für 4 Portionen

1 große Cantaloupe-Melone
Saft von 1 Zitrone
1 EL Zucker
1 große Honigmelone
Saft von 1 Limette
1 EL Honig
1/4 Bund Minze
200 g cremiger Joghurt (3,5%)
Zimtpulver

- Die Cantaloupe-Melone aufschneiden, entkernen, das Fruchtfleisch von der Schale lösen und kleinschneiden. Mit Zitronensaft und Zucker pürieren und etwa 1 Std. kaltstellen.
- Die Honigmelone aufschneiden, entkernen, das Fruchtfleisch von der Schale lösen und kleinschneiden. Mit Limettensaft und Honig pürieren und 1 Std. kaltstellen.
- Die Minze waschen, trockenschwenken, Blättchen abzupfen und in Streifen schneiden.
- Beide Melonensuppen gleichzeitig jeweils von zwei Seiten in Suppenteller gießen, sodass ein wunderschönes zweifarbiges Bild entsteht.
- Den Joghurt gut verrühren und je 1 gehäuften EL in die Mitte auf die Suppe setzen. Mit Zimt bestäuben, mit Minze garnieren und servieren.

Schorbit khiar • Kalte Gurkensuppe mit Kreuzkümmel

Eine weitere erfrischende kalte Suppe für heiße Tage. Die Suppe wird nicht nur im Libanon, sondern überall in der Levante geschätzt.

Für 4–6 Portionen

1 große Salatgurke
250 g cremiger Joghurt (3,5%)
250 g Kefir
1/2 Biozitrone
5 EL Zitronensaft
1 TL gemahlener Kreuzkümmel
1 sehr kleine Knoblauchzehe (optional)
Salz und Pfeffer

- Die Gurke schälen, halbieren, entkernen und grobhacken. Ein etwa 10 cm langes Stück Gurke feinreiben (soll 4 EL Fruchtfleisch ergeben) und kaltstellen. Den Rest der Gurke mit Zitronensaft, der Hälfte des Kreuzkümmels, Kefir, Joghurt und, falls gewünscht, der kleinen Knoblauchzehe feinpürieren. Mit Salz und Pfeffer abschmecken. Bis zum Servieren, mind. aber 3 Std., kaltstellen.
- Die Zitrone heiß abwaschen, halbieren und die Hälfte in Scheiben schneiden.
- Zum Servieren die kalte Suppe in Schalen oder Gläser füllen, je 1 EL geriebenes Gurkenfleisch hineingeben und mit etwas Kreuzkümmel bestreuen, mit einer Zitronescheibe garnieren und kalt servieren.

Labanija • Spinat-Joghurt-Suppe

Diese traditionelle Suppe wird im Libanon sehr oft mit Rübenblättern zubereitet, das ergibt eine etwas säuerliche Note. Aber ich bereite sie meistens mit Spinat oder Mangold zu, so schmeckt sie ebenfalls sehr lecker. Oft rühre ich auch noch 2 EL von der Knoblauchsauce von S. 87 hinein.

Für 4–6 Portionen

500 g griechischer Joghurt (10%)
3 Knoblauchzehen
1 TL Korianderpulver
1 TL Kurkuma
500 g Mangold o. Blattspinat o. Rübenblätter
1 große Zwiebel, feingehackt
2 EL gutes libanesisches Olivenöl
100 g Langkornreis (Basmati)
1 l Wasser o. Gemüsebrühe
Salz und Pfeffer
1/2 Zitrone

- Die geschälten Knoblauchzehen mit Salz zu einer Paste mörsern und mit Joghurt, Koriander und Kurkuma in einer Schüssel cremig rühren, und beiseitestellen, damit die Aromen sich gut verbinden können.
- Die Gemüseblätter gründlich waschen, putzen und grobhacken.
- Das Öl in einem großen Topf bei mittlerer Hitze heiß werden lassen. Zwiebelstückchen hineingeben und anbraten, sie sollen etwas Farbe nehmen. Dann Reis und Gewürze hinzufügen und kurz anrösten, zum Schluss die Gemüseblätter hineingeben, und wenn sie etwas zusammengefallen sind mit 1 l Wasser oder Brühe ablöschen.
- Das Ganze einmal aufkochen lassen, Hitze reduzieren und zugedeckt 15–20 Min. leise köcheln lassen, bis der Reis gar ist.
- Kurz vor dem Servieren die Suppe vom Herd ziehen, schnell die Joghurtmischung unterschlagen (die Suppe darf nicht mehr kochen, sonst gerinnt der Joghurt), mit ein paar Spritzern Zitronensaft abschmecken und sofort mit Khubz (S. 24) bzw. dünnem Pitabrot servieren.

Schorbit adas • Rote Linsensuppe mit Kreuzkümmel

Zu dieser traditionellen Suppe wird sehr gerne ein Gemüseteller gereicht sowie natürlich Khubz (S. 24) bzw. dünnes Pitabrot. Gut passt zum Beispiel der Gemüseteller von S. 26.

Für 4 Portionen

450 g rote Linsen
1 l Wasser
2 EL gutes libanesisches Olivenöl
1 große Zwiebel
1 TL gemahlener Kreuzkümmel
2 EL Knoblauchsauce von S. 87
schwarzer Pfeffer
1/2 TL Salz
4 EL feingehackte glatte Petersilie

- Die Linsen in einem Sieb abspülen.
- Das Wasser in einem Topf einmal aufkochen lassen, die Linsen hineingeben und etwa 40 Min. bei niedriger Temperatur köcheln lassen. Bei Bedarf etwas mehr Wasser hinzufügen, aber nicht salzen, sonst dauert der Garvorgang viel länger.
- Währenddessen die Zwiebel schälen, einmal durchschneiden und in dünne halbe Ringe schneiden.
- Das Olivenöl in einer Pfanne bei mittlerer Hitze heiß werden lassen, die Zwiebelringe dazugeben und ohne Deckel köcheln lassen, bis sie braun und knusprig sind. Dabei gelegentlich umrühren. Aus der Pfanne auf Küchenpapier kippen.
- Kreuzkümmel und Knoblauchsauce in die Suppe rühren, mit Salz und Pfeffer abschmecken.
- Die Suppe in Schüsseln anrichten mit den knusprigen Zwiebelringen und der Petersilie bestreuen und sofort servieren.

Bamieh bi zeit • Okratopf

Dieses Gericht ist ein absoluter Klassiker und eigentlich im Handumdrehen zubereitet. Man kann statt Kalb- oder Rindfleisch natürlich auch Lamm verwenden, aber klassisch wird Rindfleisch verwendet.

Für 4–6 Portionen

400 g frische kurze Okraschoten o. aus der Dose
500 g Kalbsfleisch o. mageres Rindfleisch
250 ml Gemüsebrühe
500 ml passierte o. stückige Dosentomaten
1 mittelgroße Zwiebel, feingehackt
3 Knoblauchzehen, grobgehackt
40 g Samna o. Ghee o. geklärte Butter (S. 18)
1 TL Tomatenmark
1/2 TL Zimtpulver
1 EL Korianderpulver
1 EL Zitronensaft o. Granatapfelsirup
1 TL Salz
frisch gemahlener schwarzer Pfeffer
2 EL gehacktes Koriandergrün

- Die frischen Okraschoten waschen und putzen. Das Fruchtfleisch darf dabei nicht verletzt werden, sonst werden die Okraschoten schleimig und die Kerne treten aus. Die Stiele abschälen, sodass sie wie spitze Bleistifte aussehen. Okraschoten aus der Dose einfach nur abgießen.
- Einen großen Topf Wasser einmal aufkochen lassen, die Okraschoten hineingeben und wenn das Wasser wieder kocht 3 Min. kochen lassen und abgießen. So vorgekocht tritt so oder so kein Schleim aus den Okraschoten, den Libanesen gerne mögen, aber Deutsche eher nicht.
- Das Fleisch in mundgerechte Stücke schneiden.
- Die geklärte Butter in einem großen Topf bei hoher Hitze heiß werden lassen, und das Fleisch scharf anbraten. Zwiebeln und Knoblauch hineingeben und mitbraten, bis die Zwiebeln ganz leicht gebräunt sind. Okraschoten dazugeben und weitere 2 Min. mitbraten, dabei nicht oder nur sehr vorsichtig rühren, damit die Schoten nicht aufplatzen. Zimt und Koriander dazugeben, mit Gemüsebrühe und den passierten Tomaten ablöschen. Bei geschlossenem Deckel 35–45 Min. köcheln lassen, bis das Fleisch schön mürbe ist.
- Zum Schluss den Zitronensaft oder Granatapfelsirup sowie das Koriandergrün unterrühren und mit Salz und Pfeffer abschmecken. Mit Vermicelli-Butterreis (S. gegenüber) servieren.

Yakhnet sabanegh • Spinattopf

Für 4–6 Portionen

750 g Blattspinat
2 Zwiebel, feingehackt
3 Knoblauchzehen, feingehackt
4 EL Olivenöl
400 g Rinderhack
1 TL Korianderpulver
300 ml Gemüsebrühe
Saft von 1 Zitrone
50 g Pinienkerne
Salz und Pfeffer
Zitronenschnitze

- Den Spinat waschen, ein wenig abtropfen lassen und in einem Topf ohne Wasser unter Rühren 5 Min. bei mittlerer Hitze garen, bis der Spinat zusammengefallen ist. Sofort aus dem Topf auf ein Brett kippen und kleinhacken.
- Das Olivenöl in einem Topf bei hoher Hitze heiß werden lassen, und das Rinderhack etwa 3 Min. scharf darin anbraten. Zwiebel- und Knoblauchstückchen hinzugeben, Hitze auf mittlere Stufe reduzieren und weitere 5 Min. braten.
- Den Koriander und Spinat in den Topf geben, gründlich vermengen, mit der Gemüsebrühe ablöschen und etwa 15 Min. köcheln lassen.
- Pinienkerne in einer Pfanne ohne Fett rösten, bis sie duften und goldbraun sind. Mit dem Zitronensaft in den Topf geben und mit Salz und Pfeffer kräftig abschmecken.
- Mit Vermicelli-Butterreis und nach Wunsch mit Zitronenschnitzen servieren.

Riz • Vermicelli-Butterreis

Neben Fladenbrot ist dieser Butterreis mit Fadennudeln die häufigste Beilage in der libanesischen Küche.

Für 4–6 Portionen

230 g Basmatireis
35 g Vermicelli (kurze Fadennudeln)
2 EL Samna o. Ghee o. geklärte Butter (S. 18)
400 ml Gemüsebrühe
1/2 TL Salz

- Den Reis mehrmals waschen, bis das Wasser klar bleibt und beiseitestellen.
- Die geklärte Butter in einem kleinen Topf bei mittlerer Hitze schmelzen, die Fadennudeln hinzufügen und bei höchster Stufe goldbraun im Fett anrösten, vorsichtig, es darf nicht zu dunkel werden.
- Den Reis hinzufügen und alles gut vermengen.
- Mit der Gemüsebrühe ablöschen, einmal aufkochen lassen. Hitze reduzieren etwa 15 Min. abgedeckt leise köcheln lassen, bis der Reis weich ist.
- Vom Herd ziehen, den Reis vorsichtig mit einer Gabel auflockern und sofort servieren.

Ful mudammas • Ackerbohnen mit pochierten Eiern

Im Frühstückskapitel findet sich auf S. 33 bereits ein „sanftes" Ful-mudammas-Rezept. Dieses französisch angehauchte Rezept hat ein bisschen mehr „Wumms", und ist daher als Hauptgericht gedacht. Mit warmen Khubz (S. 24) bzw. dünnem Pitabrot servieren.

Für 2–4 Portionen

2 EL gutes libanesisches Olivenöl, plus mehr zum Beträufeln
1 große rote Zwiebel, feingehackt
3 Knoblauchzehen, feingehackt
1 1/2 TL gemahlener Kreuzkümmel
1 TL edelsüßes Paprikapulver
1/4 TL rote Chiliflocken
2 schöne reife Flaschentomaten, geputzt, entkernt und feingehackt
60 ml Rotwein
2 Dosen Ackerbohnen à 435 g
1 EL Zitronensaft
Salz und frisch gemahlener schwarzer Pfeffer
4 Eier
1 paar Spritzer Weißweinessig
grobgehackte glatte Petersilie

- Das Olivenöl in einer Pfanne bei mittlerer Hitze heiß werden lassen. Zwiebeln hineingeben und etwa 5 Min. anbraten, dabei gelegentlich rühren. Knoblauch, Kreuzkümmel, Paprika, rote Chiliflocken und Tomaten dazugeben und 2 Min. mitbraten, bis es duftet, dabei stetig rühren.
- Den Rotwein angießen und köcheln lassen, bis die Tomaten weich und der größte Teil der Flüssigkeit verdampft ist, das dauert etwa 5 Min., dabei gelegentlich umrühren. Ackerbohnen mit der Flüssigkeit hineingeben, einmal aufkochen lassen, Hitze reduzieren und in etwa 10 Min. bei geschlossenem Deckel weichköcheln lassen. Dann Deckel abnehmen und die Flüssigkeit auf ein Viertel reduzieren, das dauert etwa 10 Min. Mit Zitronensaft, Salz und Pfeffer abschmecken, vom Herd ziehen und warmstellen.
- Um die Eier zu pochieren, lassen Sie Wasser mit einigen Spritzern Weißweinessig in einem Topf einmal aufkochen. Hitze reduzieren, das Wasser darf nicht mehr kochen. Jetzt rühren Sie das Wasser ganz kräftig mit einem Schneebesen, sodass ein Strudel entsteht, und dort lassen Sie jeweils ein Ei vorsichtig hineingleiten. Etwa 3 Min. köcheln lassen, bis es wachsweich ist, mit einem Schöpflöffel vorsichtig aus dem Wasser heben und auf einem sauberen Küchenhandtuch abtropfen lassen.
- Die Bohnenmasse auf Teller verteilen, die Eier jeweils daraufgeben, mit Olivenöl beträufeln und Petersilie bestreuen. Heiß servieren.

Mujadara • Grüne Linsen und Reis mit gerösteten Zwiebeln

Ein sättigendes und sehr leckeres uraltes Traditionsrezept. Der Geschmack dieses einfachen Gerichts kommt von den knusprigen, süßlichen, rauchigen Zwiebeln. Es gibt unzählige Variationen dieses Gerichts, hier mein Favorit.

Für 4 Portionen

200 g grüne Linsen
1 Lorbeerblatt
200 g Basmatireis
5 EL Olivenöl
5 große Zwiebeln
1 TL gemahlener Kreuzkümmel
1 grüne Kardamomkapsel
1 TL Korianderpulver
1 TL Zimtpulver
1/2 TL Piment
1 TL Rohrzucker
Salz

- Die Linsen in einem Sieb gut abspülen, mit dem Lorbeerblatt in einen kleinen Topf geben, mit reichlich Wasser bedecken und einmal aufkochen lassen. Hitze reduzieren und die Linsen etwa 15 Min. leise köcheln lassen, abgießen, Lorbeerblatt entfernen und beiseitestellen.
- Währenddessen eine Zwiebel feinhacken, die anderen vier Zwiebeln halbieren und in feine halbe Ringe schneiden.
- Den Reis mehrmals waschen, bis das Wasser klar bleibt, in den Topf mit den Linsen geben und bei hoher Hitze etwa 1 Min. anbraten, dabei rühren. Dann 430 ml Wasser angießen, und einmal aufkochen lassen. Hitze reduzieren etwa 15 Min. abgedeckt leise köcheln lassen, bis der Reis weich ist. Evt. etwas Wasser nachgießen, falls es zu schnell verkocht. Vom Herd ziehen, schnell den Deckel lüften, ein sauberes Küchenhandtuch auf den Topf geben, den Deckel schnell wieder schließen und beiseitestellen. Das Handtuch nimmt das Wasser, dass sich am Topfdeckel bildet auf, und so wird die Linsen-Reis-Masse nicht wässrig.
- Währenddessen in einer Pfanne 1 EL Olivenöl bei mittlerer Hitze heiß werden lassen, und die gehackte Zwiebel in etwa 12 Min. goldbraun braten, dabei stetig rühren. Auf die Linsen-Reis-Mischung geben, die restlichen Gewürze hinzufügen, gründlich vermengen und mit Salz abschmecken. Den Topf wieder abdecken und warmstellen.
- Das restliche Olivenöl in dieselbe Pfanne geben, bei mittlerer Hitze heiß werden lassen, die Zwiebelstreifen hineingeben und in etwa 15 Min. goldbraun braten, dabei stetig rühren. Die letzten zwei Min. die Hitze auf höchste Flamme stellen, damit die Zwiebeln knusprig werden.
- Die gerösteten Zwiebeln auf die Mujadara geben und mit Joghurt servieren, falls gewünscht.

Huhn mit Aprikosen und Oliven

Kein traditionelles, sondern ein modernes Rezept, das im Libanon gern gegessen wird. Es muss über Nacht marinieren, also einen Tag vor dem Verzehr vorbereitet werden.

Für 4 Portionen

500 g Hühnerbrustfilet, mundgerecht gewürfelt
2 Knoblauchzehen, zerdrückt
80 g getrocknete Aprikosen, grobgehackt
80 g schwarze entsteinte Oliven
1 EL abgeriebene Orangenschale
5 EL Orangensaft
2 EL Zitronensaft
50 ml Arak
1 Handvoll frisches Fenchelgrün, gehackt
60 g Rohrzucker

- Die geschälten Knoblauchzehen mit Salz zu einer Paste mörsern.
- Alle Zutaten (mit Ausnahme des Zuckers) in einer großen Schüssel vermischen, abdecken und über Nacht im Kühlschrank marinieren lassen.
- Am nächsten Tag den Backofen auf 200 °C vorheizen.
- Die Hühnerfleischmasse mit der Marinade auf einem Backblech verteilen und mit dem Rohrzucker bestreuen. Für etwa 30 Min. im Backofen garen, dabei die Masse ein oder zwei Mal wenden.
- Das Fleisch mit den Oliven und Aprikosen mit einem Schaumlöffel (sodass die Garflüssigkeit auf dem Backblech bleibt) auf eine Servierplatte heben.
- Die Garflüssigkeit durch ein Sieb in einen Topf gießen, bei hoher Hitze auf die Hälfte reduzieren und das Fleisch damit begießen. Dieses Gericht kann heiß, warm oder kalt serviert werden. Dazu passen Khubz (S. 24) bzw. dünne Pitabrote ebensogut wie der Vermicelli-Butterreis von S. 111.

Hähnchen-Schawarma

Das Wort Schawarma kommt aus dem Arabischen und bedeutet soviel wie sich drehendes Grillfleisch. Große marinierte Fleischstücke werden auf einen senkrecht stehenden Drehspieß gesteckt und gegrillt. Doch Schawarma lässt sich auch gut zu Hause im Backofen zubereiten, und ich mag es am liebsten mit Hühnerfleisch. Dazu gibt es Khubz (S. 24) bzw. dünnes Pitabrot und Vermicelli-Butterreis von S. 111. Das Fleisch muss über Nacht marinieren, also einen Tag vor dem Verzehr vorbereitet werden.

Für 4 Portionen

500 g Hähnchenbrustfilet, in Streifen geschnitten

Für die Marinade

Saft von 1 Zitrone
3 EL gutes libanesisches Olivenöl
3 EL Knoblauchsauce (S. 87)
2 EL cremiger Joghurt (3,5%)
1 TL Baharat (S. 99)
je 1/2 TL Salz und schwarzer Pfeffer

geröstete Pinienkerne o. Granatapfelkerne

- Die Hähnchenstreifen in eine Schüssel geben, mit allen Marinadezutaten gründlich vermengen, mit Frischhaltefolie abdecken und über Nacht im Kühlschrank marinieren lassen.
- Am nächsten Tag den Backofen auf 220 °C vorheizen.
- Das Fleisch in eine ofenfeste Form geben und 30 Min. im Ofen garen.
- Schawarma aus dem Ofen holen und nach Belieben mit Pinienkernen oder Granatapfelkernen garnieren und sofort mit Fladenbrot und Vermicelli-Butterreis servieren.

Shish taouk • Hähnchenspieße mit Sumach-Zwiebeln

Der libanesische Hähnchengrillklassiker schlechthin, dazu muss man wissen, dass Libanesen für ihr Leben gern grillen. Diese Sumach-Zwiebeln, die ein Freund von mir zu allem Gegrilltem reicht, sind köstlich und erfrischend. Als Beilagen würde ich zu den Hähnchenspießen noch Hummus (S. 62), Tabbouleh (S. 71) und natürlich Khubz (S. 24) bzw. dünnes Pitabrot reichen.

Für 4 Portionen

500 g Hähnchenbrustfilet
3 Knoblauchzehen
1/2 Biozitrone

Für die Marinade

3 EL gutes libanesisches Olivenöl
3 EL Zitronensaft
2 EL Weintraubenessig
1 1/2 TL Piment
1 TL Sumach
1 TL Paprikapulver
1 TL Salz
1 EL Tomatenmark

Für die Sumach-Zwiebeln

2 mittelgroße rote Zwiebeln
1 1/2 EL Sumach

- Das Hühnerfleisch in mundgerechte Stücke schneiden.
- Die geschälten Knoblauchzehen mit Salz zu einer Paste mörsern.
- Die Schale der halben Biozitrone abreiben.
- Beides zusammen mit den Marinadezutaten in eine Schüssel geben und sorgfältig verrühren. Das Hühnerfleisch dazugeben und mit der Marinade vermengen. Abgedeckt im Kühlschrank etwa 3 Std. oder auch über Nacht marinieren lassen.
- Die geschälten Zwiebeln halbieren und in dünne halbe Ringe schneiden, mit dem Sumach vermengen und mind. 1 Std. durchziehen lassen.
- Die Hühnerstücke auf Metallspieße stecken und auf dem Grill oder in einer Grillpfanne von jeder Seite etwa 4 Min. scharf anbraten, das Fleisch soll gut durch sein. Mit den ausgewählten Beilagen servieren.

Kafta • Fleischspieße

Das Schöne an diesem Rezept ist, dass es sich unheimlich schnell zuzubereiten lässt und sehr lecker schmeckt. Dazu würde ich den Joghurt mit Roter Bete von S. 58 oder den Joghurt mit Gurken von S. 62 reichen, weiterhin Tabbouleh (S. 71), die Knoblauchsauce von S. 87, einen Teller mit Kabis von S. 42–43 und natürlich Khubz (S. 24) bzw. dünnes Pitabrot. Auch hier empfehle ich die Sumach-Zwiebeln als Beilage (S. gegenüber), wenn Sie die einmal probiert haben, werden Sie sie bei keinem Grillgericht mehr missen möchten.

Für 4 Portionen

250 g	Rinderhack
250 g	Lammhack
1	mittelgroße Zwiebel, feingehackt
1/2 Bund	glatte Petersilie, feingehackt
2 EL	Granatapfelsirup
1/2 TL	Zimt
je 1/2 TL	Salz und frisch gemahlener Pfeffer

- Alle Zutaten sorgfältig mit den Händen miteinander vermengen, je feiner das Hackfleisch ist desto besser. Die Masse auf 4 Metallspieße „kleben“, die Kafta sollen eine längliche flache Form haben.
- Auf dem Grill oder in einer Grillpfanne von jeder Seite etwa 4 Min. scharf anbraten, das Fleisch soll gut durch sein und mit den ausgewählten Beilagen servieren.

Samak kabab • Fisch-Kebab

Bei Kebab denken die meisten inzwischen an Döner Kebab, also an einen senkrechten Drehspieß, doch im Libanon werden Kebabs, im Gegensatz zu Schawarma (S. 115), über „normalen" Holzkohlegrills zubereitet. Und in den Küstenregionen besonders gern mit Fisch. Dieses Kebab schmeckt aber auch gut, wenn es auf einem elektrischen Grill zubereitet wird.

Für 6 große o. 12 kleine Spieße

4 Zwiebeln, sehr feingehackt
Saft von 3 Zitronen
60 ml gutes libanesisches Olivenöl
Cayennepfeffer o. scharfes Paprikapulver
2 TL gemahlener Kreuzkümmel
2 Lorbeerblätter
1 EL Tomatenmark
20 Cherrytomaten
1 kg Fischfilet (etwa Seeteufel o. Seebarsch), gewürfelt
6 kleine Zucchini, jeweils in 4 Stücke geschnitten
Olivenöl zum Bestreichen
Zitronenspalten

- Die Zwiebelstückchen in ein dünnes Tuch geben, und den Saft in eine mittelgroße Schüssel pressen. Zitronensaft hineinrühren, dann das Öl, die Gewürze sowie das Tomatenmark unterschlagen. Die Fischwürfel hinzufügen und sorgfältig mit der Marinade vermengen, zum Schluss die Lorbeerblätter dazugeben. Abdecken und mind. 1 Std. kaltstellen.
- Abwechselnd Fischwürfel, Zucchinistücke und Cherrytomaten auf 6 große oder 12 kleine Spieße stecken. Holzspieße sollten vorher etwa 1 Std. in kaltem Wasser eingeweicht werden. Den Grill und besonders das Gemüse mit etwas Öl bestreichen und die Spieße 10–15 Min. grillen, bis der Fisch durch und die Zucchinistückchen gerade weich sind.
- Mit Zitronenschnitzen und einer der Sesamsaucen von S. 91 servieren.

Samak bi tahina • Fischfilets in Sesamsauce

Fisch wurde früher im Libanon über dem Holzkohlegrill gegart, aber durch den französischen Einfluss gehört es inzwischen fest ins Repertoire, Fisch auch im Backofen zuzubereiten. Und die Sesamsauce ist eine sehr gute Begleiterin des Fischs. Für dieses Gericht wird traditionell weißfleischiger Fisch wie Seebrasse, Seebarsch oder Zackenbarsch zubereitet. Doch ich habe es in letzter Zeit mit Lachsfilet zubereitet, und das war auch sehr lecker.

Für 4 Portionen

4 weißfleischige Fischfilets mit Haut
2 mittelgroße Zwiebeln
6 EL gutes libanesisches Olivenöl
Salz und frisch gemahlener Pfeffer
1 Portion Sesamsauce von S. 91
Zitronenschnitze

- Den Backofen auf 180 °C vorheizen.
- Die geschälten Zwiebeln halbieren und in dünne halbe Ringe schneiden.
- Das Olivenöl in einer Pfanne bei mittlerer Hitze heiß werden lassen, die Zwiebelringe dazugeben und braten, bis sie goldbraun sind. Dabei gelegentlich umrühren.
- Die Zwiebeln mit dem Öl in eine feuerfeste Form geben, die Fischfilets darin wenden, sodass sie mit Öl überzogen sind. Die Hautseite großzügig salzen und pfeffern, und mit der Hautseite nach oben auf die Zwiebeln legen.
- Die Form mit Alufolie abdecken und für 8–10 Min. in den heißen Backofen geben. Die Form herausholen, den Backofengrill einschalten, und die Fischfilets mit der Hautseite nach oben unter den Grill geben, bis die Haut knusprig ist.
- Die Filets auf den karamellisierten Zwiebeln anrichten, mit ein wenig Sesamsauce übergießen und mit Zitronenschnitzen, Vermicelli-Butterreis (S. 111), einem leichten Salat sowie der restlichen Sesamsauce servieren.

Würzige Lammbällchen in Tomatensauce

Diese Lammbällchen gehen sehr schnell, sind bei Eltern und Kindern gleichermaßen beliebt und bilden zusammen mit Bulgur und einem frischen Salat ein wunderbares Mittag- oder Abendessen. Selbst aufgewärmt am nächsten Tag schmecken sie sehr lecker.

Für 4 Portionen

750 g Lammhack
2 kleine Zwiebeln
1 gehäufter TL gemahlener Kreuzkümmel
1 gehäufter TL Zimtpulver
1 gehäufter TL Salz
1 TL Baharat (S. 99)
etwa 6 EL Öl zum Braten

Für die Sauce

1 Dose stückige Tomaten à 400 g
400 g passierte Tomaten
1 TL gemahlener Kreuzkümmel
1 TL Zimtpulver
2 EL feingehackte glatte Petersilie o. Koriandergrün

- Das Lammhack sorgfältig mit den Gewürzen verkneten.
- Füllen Sie eine kleine Schüssel mit Wasser, Eiswürfeln und ein paar Tropfen Öl, damit Ihre Lammbällchen schön glatt werden. Befeuchten Sie Ihre Hände darin, und rollen Sie die Masse zu walnussgroßen Bällchen, dabei immer wieder die Handflächen mit dem Wasser benetzen.
- Die geschälte Zwiebeln halbieren und in nicht zu dünne halbe Ringe schneiden.
- Das Öl in einem großen Topf bei hoher Hitze heiß werden lassen, die Bällchen hineingeben, Hitze ein wenig reduzieren, und die Bällchen rundum gut anbraten, sie sollen schön braun werden.
- Die Zwiebelstreifen dazugeben und ebenfalls gut anbraten.
- Schließlich die Tomaten dazugeben sowie ein wenig Wasser, falls die Masse zu fest wirkt. Einmal aufkochen lassen und dann bei niedrigster Hitze etwa 30 Min. köcheln lassen. Dabei evtl. noch ein wenig Wasser dazugeben.
- Vor dem Servieren die Sauce noch einmal abschmecken. Mit der Petersilie bestreuen und mit Bulgur sowie einem frischen Salat auftragen.

„Gebuttertes Zicklein“ mit Spinat

Es ist nicht immer ganz einfach in Deutschland frisches Zickleinfleisch zu bekommen. Sie sollten dieses Gericht aber auf jeden Fall probieren, es ist köstlich. Das liegt am vollmundig sanften Geschmack des mit Samna „gebutterten“ Zickleinfleisches. Dazu reichen Sie den Vermicelli-Butterreis von S. 111.

Für 4 Portionen

600 g mageres Milchzickleinfleisch aus der Keule
70 g Samna o. Ghee o. geklärte Butter (S. 18)
750 g Blattspinat
3 mittelgroße Zwiebeln, feingehackt
80 g Pinienkerne
1 TL Baharat (S. 99)
1 TL Piment
1/2 TL Chiliflocken
Salz
Saft einer halben Zitrone

- Das Fleisch in feine Streifen schneiden.
- Den Spinat waschen, putzen und mit wenig Wasser in einem Topf bei mittlerer Hitze zusammenfallen lassen, dann in ein Sieb geben, das Spinatwasser dabei auffangen, den Spinat ausdrücken, auch das Wasser auffangen und beiseitestellen.
- Die geklärte Butter bei hoher Hitze in einer großen Pfanne schmelzen lassen, das Fleisch hineingeben und schnell von allen Seiten anbraten. Hitze reduzieren, die Zwiebelstückchen, die Hälfte der Pinienkerne sowie die Gewürze hineingeben, ebenso das Spinatwasser. Die Pfanne abdecken und bei schwacher Hitze etwa 15 Min. köcheln lassen. Mit Salz abschmecken.
- Währenddessen die restlichen Pinienkerne in einer Pfanne ohne Fett rösten, bis sie duften und goldbraun sind, das geht schnell, dabei stetig rühren. Die Kerne sofort auf einen Teller kippen und abkühlen lassen.
- Den Spinat sowie den Zitronensaft unter das Fleisch mischen und schnell heiß werden lassen, noch einmal mit Salz abschmecken, mit den gerösteten Pinienkernen bestreuen und mit Vermicelli-Butterreis servieren.

OLIVEN ÖL extra

Desserts

Leider werden Datteln in Deutschland nicht so geschätzt, wie bei uns im Libanon. Deshalb widme ich ihnen hier einen eigenen kleinen Text: Süß, gesund, voller Nährstoffe – Datteln sind ein wahres Wunder der Natur und schmecken köstlich. Sie haben nicht nur viel Vitamin B und C, sondern enthalten auch Vitamin A sowie Spurenelemente und Ballaststoffe. Es gibt hunderte von Dattelsorten, die sich in Größe, Farbe, Form und Konsistenz unterscheiden. Sie gedeihen in verschiedenen Regionen der Welt in heißem und trockenem Klima. Viele Sorten werden nicht kommerziell angebaut und sind praktisch unbekannt.

Zu den bekannten Sorten gehört natürlich Medjul, die größte Dattelsorte. Ihr Fruchtfleisch ist fest und saftig, sie hat eine dünne feine Haut und schmeckt süß, ja – sogar ein bisschen nach Karamell. Andere Sorten, wie etwa die Ajwa, sind tiefrot, fast schwarz, eher trocken als saftig, dafür sehr süß. Wiederum andere sind sehr hell, wie die Astaka, mit einer knackigen Konsistenz und nicht allzu süß. Einige Datteln sind trockner als andere, aber alle trocknen an der Dattelpalme und werden dank ihres hohen Zuckergehalts natürlich konserviert. Sobald sie getrocknet sind, werden sie geerntet. Die eher weicheren Dattelsorten müssen kühl gelagert werden, während andere problemlos bei Raumtemperatur aufbewahrt werden können.

Es gibt unzählige Dattelzubereitungen im Libanon, ein paar davon finden Sie auf den folgenden Seiten. Aber natürlich findet sich in diesem Kapitel auch eine Auswahl an traditionellen sowie modernen libanesischen Desserts. Was jedoch im Libanon niemals am Ende eines Essens fehlen darf, ist ein großer Obstteller!

Tamer I. • Datteln mit Nussfüllung

Diese gefüllten Datteln werden im Libanon im Allgemeinen zum Aperitif oder als Mezze gereicht, ich serviere sie in Deutschland aber oft auch als Dessert.

12 Datteln
2 EL Pistazien o. Pinienkerne o. Walnüsse o. eine Mischung aus allen

- Die Datteln vorsichtig aufschneiden und den Kern entfernen, die grobgehackten Nüsse in die 24 Dattelhälften füllen und auf einem Servierteller hübsch anrichten.

Tamer II. • Datteln mit Zimtfrischkäse-Füllung

12 Datteln
100 g festes Labneh (S. 25) o. Doppelrahmfrischkäse o. Ricotta
1/2 TL Zimtpulver
einige Tropfen Rosenwasser
1/2 TL Akazienhonig
1 TL Abrieb von 1 Biozitrone
24 Walnusskernhälften

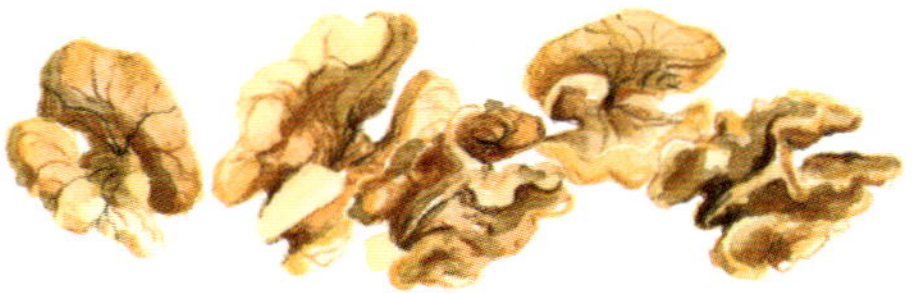

- Die Datteln vorsichtig aufschneiden und den Kern entfernen.
- In einer Schüssel Frischkäse, Zimt, Rosenwasser, Honig und Zitronenschale sehr sorgfältig vermengen.
- Die Masse in die 24 Dattelhälften füllen und je eine Walnusskernhälfte daraufsetzen. Auf einem Servierteller hübsch anrichten.

Tamer III. • Datteln mit Frischkäse-Mandel-Füllung

12 dicke Medjul-Datteln
100 g Anarikäse o. fester Labneh (S. 25) o. Doppelrahmfrischkäse o. Ricotta
1 TL Zucker
1 TL Abrieb von 1 Biozitrone
24 gehäutete Mandeln

- Die Datteln vorsichtig aufschneiden und den Kern entfernen.
- In einer Schüssel Frischkäse, Zucker und Zitronenschale sorgfältig vermengen.
- Die Masse in die 24 Dattelhälften füllen und je eine Mandel daraufsetzen. Auf einem Servierteller hübsch anrichten.

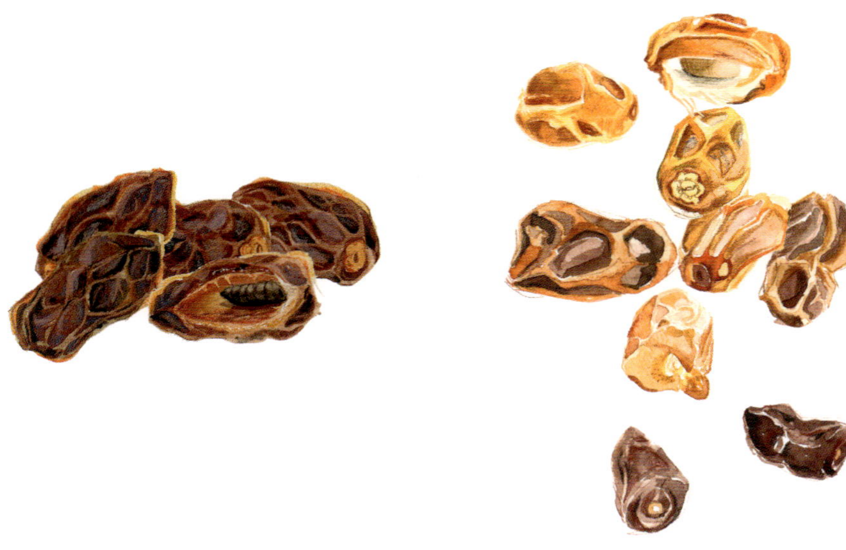

Ma'amul bi tamer • Gefülltes Dattelgebäck

Ma'amul ist wohl das beliebteste Feiertagsgebäck in der libanesischen und überhaupt in der arabischen Küche. Ma'amul wird traditionell mit Datteln gefüllt, aber auch Pistazien, Nüsse oder Feigen eignen sich als Füllung. Das Gebäck wird entweder mit der Hand eiförmig geformt oder in eine spezielle mit Mustern verzierte Holzform gepresst.

Ergibt etwa 30 Stück

400 g Weichweizengrieß
200 g Mehl
1 TL Trockenhefe
200 g Samna o. Ghee o. geklärte Butter (S. 18)
100 g Puderzucker
1 Prise Salz
50 ml Milch
2 EL Rosenwasser
1 EL Orangenblütenwasser

Für die Füllung
125 g Dattelpaste
2 TL Samna o. Ghee o. geklärte Butter (S. 18)
1 Prise Kirschkernpulver (S. 16)
oder
150 g kandierte Datteln
120 ml Wasser

Puderzucker zum Bestäuben
Pistazienraspeln zum Bestreuen

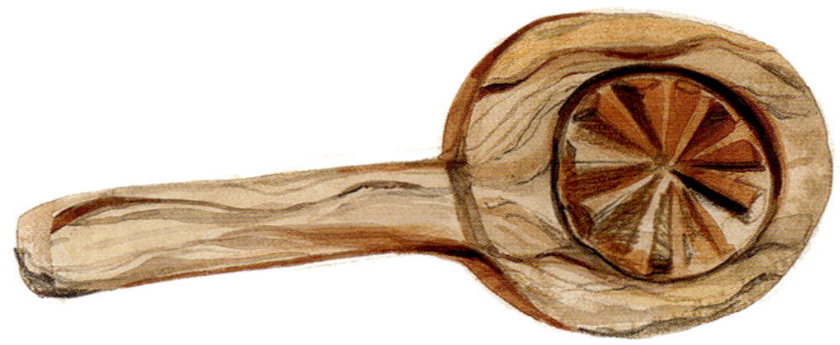

- Grieß und Mehl in eine Schüssel geben und die weiche geklärte Butter mit den Fingern in das Grieß-Mehl reiben. Mit einem Tuch abdecken und 12 Std. ruhen lassen, gern auch über Nacht.
- Die Trockenhefe in 2 EL warmen Wasser auflösen. Orangenblüten- und Rosenwasser sowie die aufgelöste Hefe zur Mehl-Butter-Mischung geben und mit der Milch zu einem weichen geschmeidigen Teig verkneten.
- Den Backofen auf 170 °C vorheizen.
- **Für die Dattelpastenfüllung** die geklärte Butter in einer Pfanne schmelzen, Dattelpaste sowie Kirschkernpulver dazugeben, und die Mischung zu einer homogenen Masse verrühren. Etwas abkühlen lassen, zu kirschgroßen Kügelchen formen und beiseitestellen.
- **Für die Füllung mit den kandierten Datteln** diese feinhacken, mit 120 ml Wasser in einen Topf geben und bei geringer Hitze so lange rühren, bis eine relativ trockene Paste entstanden ist. Etwas abkühlen lassen, zu kirschgroßen Kügelchen formen und beiseitestellen.
- Den Teig zu walnussgroßen eiförmigen Kugeln rollen. In der Handfläche behutsam mit dem Zeigefinger der anderen Hand eine Vertiefung in jede Kugel drücken, je ein Dattelkügelchen hineingeben, den Teig darüber zusammendrücken und verschließen.
- Auf mittlerer Schiene etwa 15–20 Min. backen, das Gebäck soll nur leicht goldbraun sein Die abgekühlten Ma'amul mit Puderzucker bestäuben und mit Pistazienraspeln bestreuen. In luftdichten Behältern lassen sie sich gut eine Woche aufbewahren.

Zimteis mit Walnüssen und Granatapfelsaft

Eiscreme ist im Gegensatz zum Scharbat (Sorbet) keine traditionelle libanesische Speise, sondern geht auf den französischen sowie italienischen Einfluss zurück und ist aus der libanesischen Küche nicht mehr wegzudenken.

Für 4 Portionen

200 ml	Milch (1,5%)
90 g	Zucker
2 gestr. TL	Zimtpulver
1 Prise	Salz
200 g	kalte Sahne
1 TL	Vanilleextrakt
	Walnüsse zum Dekorieren
	Granatapfelsaft zum Begießen

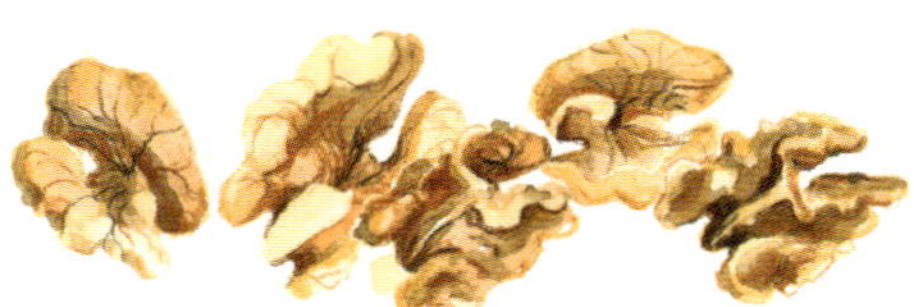

- Die Milch mit dem Zucker und dem Zimt in einem kleinen Topf solange auf mittlerer Hitze erhitzen, bis der Zucker sich aufgelöst und der Zimt sich klümpchenfrei mit der Milch vermischt hat, dabei immer wieder mit einem Schneebesen rühren.
- Die Prise Salz und die kalte Sahne hinzufügen und alles gut verrühren. Den Topf für 30 Min. in den Gefrierschrank stellen, damit die Masse gut herunterkühlt.
- Dann diese Eismasse nach Angaben des Herstellers in der Eismaschine zu einem cremigen Eis verarbeiten und direkt servieren oder im Gefrierschrank noch etwas fester werden lassen.
- Kugeln abstechen, auf Schälchen verteilen, mit den Walnüssen dekorieren und mit ein wenig Granatapfelsaft begießen.

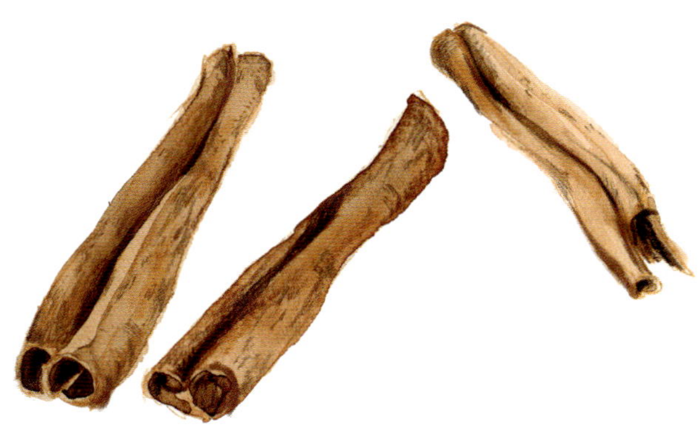

Scherbet • Orangensorbet

Für 4–6 Portionen

8	saftige Bioorangen
220 g	Zucker
2–3 EL	Zitronensaft
1 1/2 TL	Orangenblütenwasser
1	großes Eiweiß
	frische Minze

- Von 2 Orangen die Schale abreiben und mit Zucker im Mixer so fein wie möglich mahlen. Mit 120 ml Wasser in einen Topf geben.
- Das Wasser unter Rühren einmal aufkochen lassen, Hitze reduzieren und etwa 5 Min. abgedeckt köcheln lassen.
- Abkühlen lassen und den Sirup im Kühlschrank richtig kalt werden lassen.
- Die 8 Orangen auspressen und den Saft (etwa 1 l) in eine große Schüssel geben. Sirup, Zitronensaft und 1 TL Orangenblütenwasser sowie das Eiweiß sehr kräftig unterschlagen. Es kann auch separat geschlagen und dann unter die Flüssigkeit gehoben werden, je nachdem wie cremig das Scharbat gewünscht wird.
- Die Mischung in einen Gefrierbehälter geben und etwa 5 Std. einfrieren, bis sich Eiskristalle gebildet haben. Diese Masse in die Küchenmaschine geben und evtl. noch Zitronensaft und Orangenblütenwasser nach Geschmack hinzugeben. Das Gerät laufen lassen, bis die Eiskristalle zerkleinert sind. Die Mischung erneut – über Nacht – einfrieren.
- Zum Servieren in Schalen mit frischen Minzblättchen anrichten.

Sfuf • Grießkuchen mit Kurkuma

Dieser wunderschöne sonnengelbe Kuchen ist ein Gedicht, sehr schnell gemacht und schmeckt groß und klein gleichermaßen gut. Ich esse ihn gern zu einer Tasse Tee oder Kaffee (S. 145). Doch er passt auch gut als Dessert, dann reiche ich eine Schale mit Orangenfilets dazu. In einem luftdicht verschlossenen Behälter halten sich die Kuchenstücke eine Woche.

Für ein Backblech

200 ml	Milch
200 g	Zucker
	einige Tropfen Vanilleessenz o. 1 Päckchen Vanillezucker
200 ml	Sonnenblumenöl
200 ml	Weichweizengrieß
1	Päckchen Backpulver
1 Prise	Salz
1 EL	Kurkuma
600 ml	Mehl
2 Handvoll	gehobelte o. gestiftelte o. ganze Mandeln o. Pinienkerne
	Sesampaste (Tahini) o. neutrales Öl für das Backblech

- Den Backofen auf 200 °C vorheizen.
- Die Milch, Zucker und Vanille in einer Schüssel kräftig verrühren. Wenn der Zucker sich aufgelöst hat, das Sonnenblumenöl angießen und den Grieß unterrühren. Danach schnell das Päckchen Backpulver, Kurkuma und Salz hineinrühren. Zum Schluss das Mehl untermengen.
- Ein 30 x 40 cm großes Backblech mit Sesampaste oder geschmacksneutralem Öl ausstreichen.
- Die Teigmasse darauf verteilen und glattstreichen. Mit gehobelten oder gestiftelten oder ganzen Mandeln oder Pinienkernen bestreuen. 20 Min. im heißen Backofen backen. Den Piekstest machen, wenn ein Zahnstocher sauber herauskommt, ist der Sfuf fertig.
- Abkühlen lassen und in nicht zu große Quadrate oder Rauten schneiden.

Ghreibe • Libanesische Butterkekse

Libanesische Butterkeks sind im Handumdrehen zubereitet und einfach köstlichst. Wichtig ist es, gute geklärte Butter bzw. Ghee zu nehmen. Ghreibe sind sehr weich, ja – sie schmelzen förmlich auf der Zunge. Eine meiner liebsten Kindheitserinnerungen.

Ergibt etwa 20 Kekse

220 g Samna o. Ghee o. geklärte Butter (S. 18)
120 g Puderzucker
250 g Mehl
20 Pistazien

- Den Backofen auf 180 °C vorheizen.
- Die geklärte Butter und Puderzucker in einem Standmixer oder mit dem Handrührgerät aufschlagen. Mehl dazugeben und mit den Händen zu einem weichen Teig verkneten, abdecken und etwa 1 Std. im Kühlschrank ruhen lassen.
- Den Teig in walnussgroße Kugeln rollen und diese leicht platt drücken. Jeden Keks mit einer Pistazie dekorieren.
- Auf einem Backblech verteilen und dabei mindestens 1 cm Abstand zwischen den Keksen lassen. Etwa 20 Min. backen, bis die Ghreibe ein ganz klein wenig Farbe angenommen haben. Abkühlen lassen.

Baklava • Nuss-Sirup-Gebäck

Wie in der türkischen, bulgarischen und griechischen Küche ist auch im Libanon die Baklava als Dessert sehr beliebt. Sie wird bei uns im Libanon allerdings mit gehackten Pistazien oder Cashewkernen zubereitet und mit Orangenblütenwasser parfümiert. Der klassische Begleiter ist ein schwarzer Mokka von Seite 144 im Getränkekapitel.

Für eine etwa 20 x 30 cm große eckige Backform

300 g Pistazien o. ungesalzene Cashewkerne
1/2 TL Zimtpulver
500 g Filoteigblätter
220 g Samna o. Ghee o. geklärte Butter (S. 18)
1 Handvoll grobgehackte Pistazien zum Bestreuen

Für den Sirup

180 ml Wasser
300 g Zucker
1 EL Zitronensaft
1 EL Orangenblütenwasser

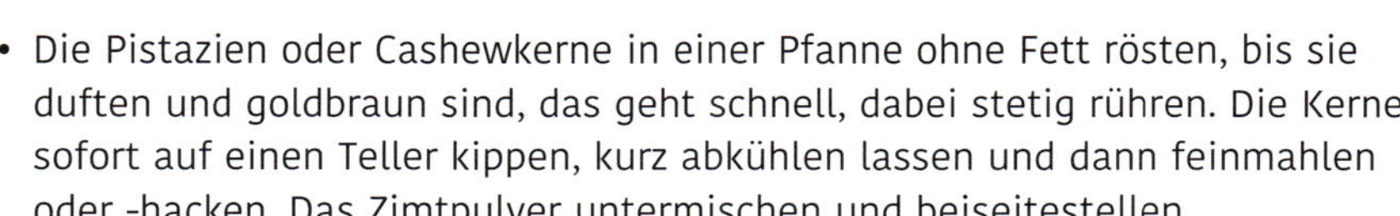

- Die Pistazien oder Cashewkerne in einer Pfanne ohne Fett rösten, bis sie duften und goldbraun sind, das geht schnell, dabei stetig rühren. Die Kerne sofort auf einen Teller kippen, kurz abkühlen lassen und dann feinmahlen oder -hacken. Das Zimtpulver untermischen und beiseitestellen.
- Die geklärte Butter schmelzen.
- Den Backofen auf 160 °C vorheizen.
- 200 g Filoteigblätter abwiegen.
- Die Backform leicht mit ein wenig geschmolzener geklärter Butter auspinseln. Zwei Lagen Filoteigblätter so darauf verteilen, dass der komplette Boden von einer doppelten Schicht Filoteigblättern bedeckt ist. Mit viel flüssigem Fett bestreichen, zwei weitere Schichten Blätter daraufgeben, wieder mit reichlich geklärter Butter bepinseln, und so lange weitermachen, bis die 200 g Filoteigblätter aufgebraucht sind.
- Nun die Nussmischung gleichmäßig darauf verteilen. Mit den restlichen Filoteigblättern wie zuvor verfahren, bis die Teigblätter sowie das Ghee verbraucht sind. Die Oberfläche mit dem letzten Rest geklärte Butter großzügig bestreichen.
- Mit einem großen Messer etwa 5 cm große Rauten oder Quadrate in die Oberfläche ritzen (dadurch lässt sich die Baklava später einfacher schneiden). Evtl. mit ein wenig kaltem Wasser besprühen, dadurch wird die Oberfläche noch knuspriger.

- Baklava im vorgeheizten Backofen 35–45 Min. backen, bis die Oberfläche goldbraun ist.
- Währenddessen den Zuckersirup zubereiten: In einem Topf Zucker mit Wasser verrühren, aufkochen lassen, und immer wieder Rühren, bis sich der Zucker aufgelöst hat. Weitere 5–10 Min. bei geringer Hitze reduzieren lassen. Vom Herd ziehen und Zitronensaft sowie Orangenblütenwasser unterrühren. Abkühlen lassen
- Wenn die Baklava fertig ist, kann evtl. überschüssiges Fett einfach vorsichtig abgegossen werden. Dann soviel kalten Sirup auf die heiße Baklava gießen, wie der Teig aufnehmen kann.
- Durchziehen und abkühlen lassen und mit den grobgehackten Pistazien bestreuen.
- Die vorgeritzten Stückchen nun mit einem scharfen Messer durchschneiden und zimmerwarm oder gekühlt servieren.

Getränke

Anis

Neben Kaffee mit Kardamom, der rund um die Uhr getrunken wird, und als Nationalgetränk gilt, ist Tee das klassische Getränk, ob mit Minze oder ohne, aber meistens gesüßt. Weiterhin erfreuen sich Säfte großer Beliebtheit, besonders natürlich hausgemachte Limonaden, denen oft Rosenwasser und Minze zugesetzt werden. Diese Limonaden sorgen in der Sommerhitze für Abkühlung und gehören auf jeden Abendessenstisch. Auch Laban, ein Joghurtgetränk, wird gerne zur Abkühlung getrunken.

An alkoholischen Getränken wird zum einen Bier getrunken, Almaza und Laziza sind beliebte Marken, zum anderen natürlich Wein. Libanesischer Wein, vor allem der aus der Bekaa-Ebene (z.B. Ksara oder Kefraya), hat einen ausgezeichneten Ruf. Weiterhin gehört Arak auf jeden libanesischen Mezze-Tisch. Dieser klare ungesüßte Anisschnaps, der nach der Zugabe von Wasser eine weiße Trübung annimmt, wird gern als Aperitif serviert.

Kahwa I. • Kaffee mit Kardamom

Kaffee – auf orientalische Weise zubereitet – schön süß, mit Kaffeesatz und einem Hauch Kardamom, ist ein unvergessliches Erlebnis und wird im Libanon überall getrunken. Kardamom oder Muskat verleihen dem libanesischen Mokka sein typisches Aroma. Mir schmeckt er besonders gut mit Muskat.

Für 4 Mokkatassen o. 2 Kaffeetassen o. 1 Becher

250 ml Wasser
15–20 g (2 TL) arabischer Kaffee bzw. Mokka (geröstet und gemahlen)
1 MSP gemahlener Kardamom

- Kaffeemehl und Kardamom sorgfältig vermengen.
- Wasser zum Kochen bringen. Sobald das Wasser kocht, die Temperatur reduzieren, das Kaffeemehl hineingeben und maximal 1 1/2 Min. köcheln lassen.
- Sofort in Mokkatässchen gießen und mit Zucker servieren.

Kahwa II. • Kaffee mit Kardamom und Muskat

Für 4 Mokkatassen o. 2 Kaffeetassen o. 1 Becher

250 ml Wasser
15–20 g (2 TL) arabischer Kaffee bzw. Mokka (geröstet und gemahlen)
2 grüne Kardamomkapseln
3 TL Zucker
1 MSP frisch geriebene Muskatnuss o. Gewürznelkenpulver

- Die Kardamomkapseln aufbrechen, die schwarzen Kerne auslösen und mit Kaffeepulver, Zucker, einem Hauch Muskat und dem kaltem Wasser in ein Stielkännchen (Ibrik) geben. Langsam, bei geringer Hitze, aufkochen lassen und dabei umrühren, damit sich kaum Schaum bildet.
- Kurz von der Herdplatte nehmen, dann wieder daraufstellen und noch einmal aufkochen. Ein drittes Mal wiederholen.
- Sofort in Mokkatässchen gießen und servieren.

Weißer Kaffee

Dieses Getränk, das ganz ohne Kaffeebohnen auskommt, wird nach einem üppigen Essen gereicht, denn es fördert einerseits die Verdauung und wirkt andererseits nicht anregend, ist also ideal vor dem Schlafengehen. Ich trinke ihn regelmäßig. Es handelt sich tatsächlich nur um heißes Wasser mit Orangenblütenwasser, eine Variante ist zusätzlich mit Kardamom. Hier folgen beide Varianten.

Für 4 Mokkatassen o. 2 Kaffeetassen o. 1 Becher

250 ml Wasser
2 grüne Kardamomkapseln
1 TL Orangenblütenwasser

250 ml Wasser
1 TL Orangenblütenwasser
1 TL Zucker (optional)

- Die Kardamomkapseln, wenn gewünscht, im Mörser anstoßen und im Wasser einmal aufkochen lassen, vom Herd ziehen, Orangenblütenwasser hineingeben, und, wenn gewünscht, Zucker und Orangenschale dazugeben. Den weißen Kaffee auf Trinktemperatur abkühlen lassen und genießen.

Schwarzer Tee

In arabischen Ländern ist es ein Gebot der Gastfreundschaft sowie der Höflichkeit jedem Gast ein Glas Tee anzubieten. Die Zubereitung des Tees wird von den regionalen Vorlieben stark beeinflusst. Am besten geeignet ist für die Teezubereitung nach arabischer Art eine Schwarzteemischung, beispielsweise eine Ceylon-Assam-Mischung. Verwenden Sie 1 gehäuften Teelöffel pro 250 ml Tasse (bei normaler Blattgröße von 1–2 cm; bei Broken-Teeblättern nur einen 1/2 TL). Bringen Sie das Wasser zum Kochen und lassen Sie es vor dem Überbrühen 30 Sek. stehen. So wird die optimale Brühtemperatur von 95 °C erreicht. Geben Sie dem schwarzen Tee 3 Min. Ziehzeit. Der Tee wird meistens sehr süß getrunken und gerne auch mit frischen Minzblättern serviert.

Zhourat • Kräutertee

Es handelt sich hierbei um die bekannteste Kräuterteemischung des Libanon. Zhourat gibt es in vielen verschiedenen Mischungen, aber die folgenden Ingredienzien sind eigentlich immer dabei: Kamillenblüten, Damask-Rosenblätter, Hibiskus, Thymian, Salbei, Zitronenverbene, Lavendelblüten, Echter Eibisch und ein wenig grüner Tee. An heißen Sommertagen wird er als kaltes erfrischendes Getränk serviert, an kalten Winterabenden als warmes und wärmendes Getränk. Diese fabelhafte Teemischung gibt mir Energie, Frische und gute Laune!

Gelbe Zitronen-Orangen-Limonade

Für 1 Krug o. 6 Gläser

3 große Zitronen
1 l kaltes Wasser
8 EL Rohrzucker
8 EL Orangenblütenwasser
crushed Eis o. Eiswürfel

- Die Zitronen auspressen und den Saft mit dem Zucker in einen Krug schütten. Wasser, Eiswürfel und Orangenblütenwasser dazugeben, kräftig umrühren und eine Weile ziehen lasssen.
- Nach Belieben mit weiterem Zitronensaft, Zucker und Orangenblütenwasser abschmecken und kalt servieren.

Grüne Minz-Rosenwasser-Limonade

Für 1 Krug o. 6 Gläser

3 große Zitronen
8 EL Rohrzucker
20 Minzblättchen
1 l kaltes Wasser
2 EL Rosenwasser
crushed Eis o. Eiswürfel

- Die Zitronen auspressen und den Saft mit dem Zucker und den Minzblättchen in einen großen Becher oder Krug geben und mit dem Stabmixer zu einer grünen Flüssigkeit mixen. Wasser und Rosenwasser dazu geben und erneut mixen.
- Crushed Eis in ein Glas geben, die Limonade darübergießen und kalt servieren.

Granatapfelsirup mit Rosenwasser und Pinienkernen

Der aufwendigste Teil, wenn Sie Granatapfelsaft selbst herstellen, ist das Entkernen des Granatapfels. Da gibt es verschiedene Methoden, die einen schwören darauf, in einer Schüssel unter Wasser zu entkernen, die anderen teilen den Granatapfel sehr vorsichtig, damit es nicht spritzt, erst in einzelne Segmente. Noch andere nehmen einfach Granatapfelkonzentrat oder -direktsaft.

Für 4 große Gläser

1 Handvoll Pinienkerne
4 große reife Granatäpfel o. 1 l Granatapfeldirektsaft o. Konzentrat
120 g Zucker
80 ml Wasser
1 TL Zitronensaft.
1 1/2 TL Rosenwasser

- Die Pinienkerne etwa 1 Std. in kaltem Wasser einweichen, so werden sie schön weich.
- Die Granatapfelkerne in einen Entsafter geben, und den Saft in einem Krug beiseitestellen.
- Für den Sirup Zucker und das Wasser in einem Topf einmal aufkochen und dann etwa 5 Min. köcheln lassen, bis sich der Zucker ganz aufgelöst hat. Zum Schluss den Zitronensaft unterrühren und den Sirup abkühlen lassen.
- Erst einmal die Hälfte des Sirups sowie das Rosenwasser zum Granatapfelsaft geben, gut verrühren und abschmecken. Je nach Geschmack weiteren Sirup hineinrühren. Bis zum Servieren im Kühlschrank aufbewahren.
- Auf vier Gläser verteilen, je 2 EL Pinienkerne daraufgeben und sofort servieren.

Laban · Joghurtgetränk

In der Türkei wird dieses Getränk Ayran genannt und besteht im Allgemeinen nur aus Joghurt, Salz und Wasser. Im Libanon wiederum gibt es zwei Varianten. Die eine besteht aus Joghurt, Salz, Knoblauch, Pfefferminze und Wasser. Die zweite Variante unterscheidet sich von der ersten nur insofern, als sie ohne Knoblauch ist.

Für 1 Krug o. 6 Gläser

500 g cremiger Joghurt (3,5%)
300–400 ml kaltes Wasser (je nachdem wie dick die Flüssigkeit sein soll)
1 TL Salz
1 kleine Knoblauchzehe (optional), im Mörser zerstoßen
1 TL feingehackte frische o. getrocknete Minze
crushed Eis

- Joghurt, Wasser, Salz, Knoblauch (falls gewünscht) in einen großen Becher geben und mit dem Stabmixer aufschlagen, bis eine homogene Flüssigkeit entstanden ist.
- Die gehackte Minze mit einem Löffel unterrühren.
- Crushed Eis auf Gläser verteilen und das Getränk darübergießen.

Avocado-Milch

Hierbei handelt es sich nicht um ein traditionelles libanesisches Getränk, sondern um ein modernes, das in den letzten Jahren immer mehr Freunde gefunden hat. Es ist eines meiner Lieblingsgetränke, allerdings muss die Avocado wirklich richtig reif sein, sonst bleibt das Aroma des Getränks mau.

Für 2 Gläser

1 reife Avocado
3 EL Honig oder Zucker
400 ml Milch
Saft einer halben Limette
Zimtpulver und geriebene Muskatnuss o. Piment zum Bestreuen (optional)

- Die Avocado schälen, in kleine Stücke schneiden und mit der Milch sowie dem Honig oder Zucker in einen großen Becher geben und mit dem Stabmixer feinpürieren. Mit Limettensaft abschmecken, in zwei Gläser füllen und mit Zimt und Muskat oder Piment bestäubt servieren.

Jallab • Dattelsirupgetränk

Dieses libanesische Erfrischungsgetränk, das eiskalt getrunken wird, erfreut sich größter Beliebtheit. Jallab ist ein Sirup, den man fertig kauft (einfach online bestellen) und der aus Datteln, Traubensirup und Rosenwasser besteht. Serviert wird das Getränk mit schwimmenden Nüssen nach Wahl.

Für 2 Gläser

2 EL gehäutete Mandeln
2 EL Pinienkerne
2 EL Pistazien
300 ml kaltes Wasser
3–4 EL Jallabsirup
crushed Eis

- Die verschiedenen Nusssorten in drei kleine Schälchen geben, jeweils mit kaltem Wasser bedecken und mind. 30 Min. einweichen lassen. Dadurch werden die Nüsse weicher.
- Das kalte Wasser in einen Krug geben, den Jallabsirup kräftig hineinrühren.
- Crushed Eis und je einen Löffel der verschiedenen Nüsse in große Gläser geben, mit dem Jallabwasser aufgießen, umrühren und genießen.

Shikaf • Fruchtcocktail

Wer im Libanon einen Cocktail bestellt, bekommt in der Regel einen Shikaf in die Hand gedrückt. Die Basis bilden verschiedene Smoothies, dazu frische Früchte, ein paar Eiswürfel und als Topping eine großartige Rosenwassercreme. Im Libanon nutzt man hierfür den Pudding „Ashta" – er ist Mascarpone sehr ähnlich –, darauf kommen knackige Nüsse und süßer Honig. Shikaf ist Cocktail und Dessert zugleich, deshalb zuerst löffeln, den Rest ausschlürfen. Shikaf kann auch mit Alkohol serviert werden, dazu einfach einen Schluck Arak, Gin oder Wodka dazugeben.

Für 2 sehr große Gläser

Für den Mango-Ananas-Smoothie

80 g Mango
80 g Ananas
1/2 Orange

Für den Erdbeer-Smoothie

100 g Erdbeeren
1/2 Banane

Mind. 3 Sorten frische Früchte z.B.

80 g Erdbeeren
80 g Mango
80 g Ananas
80 g Pfirsich
80 g Melone

Für die Creme

120 g Mascarpone
2 EL Milch
1 TL Rosenwasser

Für das Topping

1 kl. Handvoll verschiedene Nüsse
Honig (optional)

Außerdem

Eiswürfel o. crushed Eis

- Für die beiden Smoothies die jeweiligen Früchte schälen, kleinschneiden und mit einem Pürierstab oder Mixer einzeln nacheinander pürieren und beiseitestellen.
- Die frischen Früchte waschen, putzen und kleinschneiden.
- Für die Creme alle Zutaten mit dem Schneebesen kräftig miteinander verrühren.
- Zum Servieren Eis auf Gläser verteilen, langsam den Mango-Smoothie angießen und den Großteil der Fruchtstückchen darauf verteilen, dann mit dem Erdbeer-Smoothie auffüllen, aber einen Rand von etwa 3 cm frei lassen.
- Die Rosenwassercreme auf die Smoothies löffeln, mit den restlichen Fruchtstücken und den Nüssen bestreuen und, falls gewünscht, mit ein wenig Honig beträufeln. Mit einem langen Barlöffel sowie einem dicken Strohhalm servieren.

GRANAT
APFEL
Sirup

Zutaten-register

Zutatenregister